PERSA
VOCABULARIO

PALABRAS MÁS USADAS

ESPAÑOL-PERSA

Las palabras más útiles
Para expandir su vocabulario y refinar
sus habilidades lingüísticas

5000 palabras

Vocabulario Español-Persa - 5000 palabras más usadas
por Andrey Taranov

Los vocabularios de T&P Books buscan ayudar en el aprendizaje, la memorización y la revisión de palabras de idiomas extranjeros. El diccionario se divide por temas, cubriendo toda la esfera de las actividades cotidianas, de negocios, ciencias, cultura, etc.

El proceso de aprendizaje de palabras utilizando los diccionarios temáticos de T&P Books le proporcionará a usted las siguientes ventajas:

- La información del idioma secundario está organizada claramente y predetermina el éxito para las etapas subsiguientes en la memorización de palabras.
- Las palabras derivadas de la misma raíz se agrupan, lo cual permite la memorización de grupos de palabras en vez de palabras aisladas.
- Las unidades pequeñas de palabras facilitan el proceso de reconocimiento de enlaces de asociación que se necesitan para la cohesión del vocabulario.
- De este modo, se puede estimar el número de palabras aprendidas y así también el nivel de conocimiento del idioma.

Copyright © 2024 T&P Books Publishing

Todos los derechos reservados. Ninguna porción de este libro puede reproducirse o utilizarse de ninguna manera o por ningún medio; sea electrónico o mecánico, lo cual incluye la fotocopia, grabación o información almacenada y sistemas de recuperación, sin el permiso escrito de la editorial.

T&P Books Publishing
www.tpbooks.com

ISBN: 978-1-78716-740-7

Este libro está disponible en formato electrónico o de E-Book también.
Visite www.tpbooks.com o las librerías electrónicas más destacadas en la Red.

VOCABULARIO PERSA
palabras más usadas

Los vocabularios de T&P Books buscan ayudar al aprendiz a aprender, memorizar y repasar palabras de idiomas extranjeros. Los vocabularios contienen más de 5000 palabras comúnmente usadas y organizadas de manera temática.

- El vocabulario contiene las palabras corrientes más usadas.
- Se recomienda como ayuda adicional a cualquier curso de idiomas.
- Capta las necesidades de aprendices de nivel principiante y avanzado.
- Es conveniente para uso cotidiano, prácticas de revisión y actividades de auto-evaluación.
- Facilita la evaluación del vocabulario.

Aspectos claves del vocabulario

- Las palabras se organizan según el significado, no según el orden alfabético.
- Las palabras se presentan en tres columnas para facilitar los procesos de repaso y auto-evaluación.
- Los grupos de palabras se dividen en pequeñas secciones para facilitar el proceso de aprendizaje.
- El vocabulario ofrece una transcripción sencilla y conveniente de cada palabra extranjera.

El vocabulario contiene 155 temas que incluyen lo siguiente:

Conceptos básicos, números, colores, meses, estaciones, unidades de medidas, ropa y accesorios, comida y nutrición, restaurantes, familia nuclear, familia extendida, características de personalidad, sentimientos, emociones, enfermedades, la ciudad y el pueblo, exploración del paisaje, compras, finanzas, la casa, el hogar, la oficina, el trabajo en oficina, importación y exportación, promociones, búsqueda de trabajo, deportes, educación, computación, la red, herramientas, la naturaleza, los países, las nacionalidades y más ...

TABLA DE CONTENIDO

GUÍA DE PRONUNCIACIÓN	9
ABREVIATURAS	10

CONCEPTOS BÁSICOS — 11
Conceptos básicos. Unidad 1 — 11

1. Los pronombres — 11
2. Saludos. Salutaciones. Despedidas — 11
3. Como dirigirse a otras personas — 12
4. Números cardinales. Unidad 1 — 12
5. Números cardinales. Unidad 2 — 13
6. Números ordinales — 14
7. Números. Fracciones — 14
8. Números. Operaciones básicas — 14
9. Números. Miscelánea — 14
10. Los verbos más importantes. Unidad 1 — 15
11. Los verbos más importantes. Unidad 2 — 16
12. Los verbos más importantes. Unidad 3 — 17
13. Los verbos más importantes. Unidad 4 — 18
14. Los colores — 18
15. Las preguntas — 19
16. Las preposiciones — 20
17. Las palabras útiles. Los adverbios. Unidad 1 — 20
18. Las palabras útiles. Los adverbios. Unidad 2 — 22

Conceptos básicos. Unidad 2 — 24

19. Los días de la semana — 24
20. Las horas. El día y la noche — 24
21. Los meses. Las estaciones — 25
22. Las unidades de medida — 27
23. Contenedores — 28

EL SER HUMANO — 29
El ser humano. El cuerpo — 29

24. La cabeza — 29
25. El cuerpo — 30

La ropa y los accesorios — 31

26. La ropa exterior. Los abrigos — 31
27. Ropa de hombre y mujer — 31

28.	La ropa. La ropa interior	32
29.	Gorras	32
30.	El calzado	32
31.	Accesorios personales	33
32.	La ropa. Miscelánea	33
33.	Productos personales. Cosméticos	34
34.	Los relojes	35

La comida y la nutrición   36

35.	La comida	36
36.	Las bebidas	37
37.	Las verduras	38
38.	Las frutas. Las nueces	39
39.	El pan. Los dulces	40
40.	Los platos	40
41.	Las especias	41
42.	Las comidas	42
43.	Los cubiertos	43
44.	El restaurante	43

La familia nuclear, los parientes y los amigos   44

45.	La información personal. Los formularios	44
46.	Los familiares. Los parientes	44

La medicina   46

47.	Las enfermedades	46
48.	Los síntomas. Los tratamientos. Unidad 1	47
49.	Los síntomas. Los tratamientos. Unidad 2	48
50.	Los síntomas. Los tratamientos. Unidad 3	49
51.	Los médicos	50
52.	La medicina. Las drogas. Los accesorios	50

EL AMBIENTE HUMANO   52
La ciudad   52

53.	La ciudad. La vida en la ciudad	52
54.	Las instituciones urbanas	53
55.	Los avisos	54
56.	El transporte urbano	55
57.	El turismo. La excursión	56
58.	Las compras	57
59.	El dinero	58
60.	La oficina de correos	59

La vivienda. La casa. El hogar   60

61.	La casa. La electricidad	60

62.	La villa. La mansión	60
63.	El apartamento	60
64.	Los muebles. El interior	61
65.	Los accesorios de cama	62
66.	La cocina	62
67.	El baño	63
68.	Los aparatos domésticos	64

LAS ACTIVIDADES DE LA GENTE 65
El trabajo. Los negocios. Unidad 1 65

69.	La oficina. El trabajo de oficina	65
70.	Los procesos de negocio. Unidad 1	66
71.	Los procesos de negocio. Unidad 2	67
72.	La producción. Los trabajos	68
73.	El contrato. El acuerdo	69
74.	Importación y exportación	70
75.	Las finanzas	70
76.	La mercadotecnia	71
77.	La publicidad	72
78.	La banca	72
79.	El teléfono. Las conversaciones telefónicas	73
80.	El teléfono celular	74
81.	Los artículos de escritorio. La papelería	74
82.	Tipos de negocios	75

El trabajo. Los negocios. Unidad 2 77

83.	La exhibición. La feria comercial	77
84.	La ciencia. La investigación. Los científicos	78

Las profesiones y los oficios 80

85.	La búsqueda de trabajo. El despido	80
86.	Los negociantes	80
87.	Los trabajos de servicio	81
88.	La profesión militar y los rangos	82
89.	Los oficiales. Los sacerdotes	83
90.	Las profesiones agrícolas	83
91.	Las profesiones artísticas	84
92.	Profesiones diversas	84
93.	Los trabajos. El estatus social	86

La educación 87

94.	La escuela	87
95.	Los institutos. La Universidad	88
96.	Las ciencias. Las disciplinas	89
97.	Los sistemas de escritura. La ortografía	89
98.	Los idiomas extranjeros	90

El descanso. El entretenimiento. El viaje   92

99. Las vacaciones. El viaje   92
100. El hotel   92

EL EQUIPO TÉCNICO. EL TRANSPORTE   94
El equipo técnico   94

101. El computador   94
102. El internet. El correo electrónico   95
103. La electricidad   96
104. Las herramientas   96

El transporte   99

105. El avión   99
106. El tren   100
107. El barco   101
108. El aeropuerto   102

Acontecimentos de la vida   104

109. Los días festivos. Los eventos   104
110. Los funerales. El entierro   105
111. La guerra. Los soldados   105
112. La guerra. El ámbito militar. Unidad 1   106
113. La guerra. El ámbito militar. Unidad 2   108
114. Las armas   109
115. Los pueblos antiguos   111
116. La Edad Media   111
117. El líder. El jefe. Las autoridades   113
118. Violar la ley. Los criminales. Unidad 1   114
119. Violar la ley. Los criminales. Unidad 2   115
120. La policía. La ley. Unidad 1   116
121. La policía. La ley. Unidad 2   117

LA NATURALEZA   119
La tierra. Unidad 1   119

122. El espacio   119
123. La tierra   120
124. Los puntos cardinales   121
125. El mar. El océano   121
126. Los nombres de los mares y los océanos   122
127. Las montañas   123
128. Los nombres de las montañas   124
129. Los ríos   124
130. Los nombres de los ríos   125
131. El bosque   125
132. Los recursos naturales   126

La tierra. Unidad 2 — 128

133. El tiempo — 128
134. Los eventos climáticos severos. Los desastres naturales — 129

La fauna — 130

135. Los mamíferos. Los predadores — 130
136. Los animales salvajes — 130
137. Los animales domésticos — 131
138. Los pájaros — 132
139. Los peces. Los animales marinos — 134
140. Los anfibios. Los reptiles — 134
141. Los insectos — 135

La flora — 136

142. Los árboles — 136
143. Los arbustos — 136
144. Las frutas. Las bayas — 137
145. Las flores. Las plantas — 138
146. Los cereales, los granos — 139

LOS PAÍSES. LAS NACIONALIDADES — 140

147. Europa occidental — 140
148. Europa central y oriental — 140
149. Los países de la antes Unión Soviética — 141
150. Asia — 141
151. América del Norte — 142
152. Centroamérica y Sudamérica — 142
153. África — 143
154. Australia. Oceanía — 143
155. Las ciudades — 143

GUÍA DE PRONUNCIACIÓN

T&P alfabeto fonético	Ejemplo persa	Ejemplo español
['] (ayn)	دعوا [da'vā]	fricativa faríngea sonora
['] (hamza)	تایید [ta'id]	oclusiva glotal sorda
[a]	رود [ravad]	radio
[ā]	آتش [ātaš]	contraataque
[b]	بانک [bānk]	en barco
[č]	چند [čand]	mapache
[d]	هشتاد [haštād]	desierto
[e]	عشق [ešq]	verano
[f]	فندک [fandak]	golf
[g]	لوگو [logo]	jugada
[h]	گیاه [giyāh]	registro
[i]	جزیره [jazire]	ilegal
[j]	جشن [jašn]	jazz
[k]	کاج [kāj]	charco
[l]	لیمو [limu]	lira
[m]	ماجرا [mājarā]	nombre
[n]	نوروز [norvež]	sonar
[o]	گلف [golf]	bordado
[p]	اپرا [operā]	precio
[q]	لاغر [lāqar]	amigo, magnífico
[r]	رقم [raqam]	era, alfombra
[s]	سوپ [sup]	salva
[š]	دوش [duš]	shopping
[t]	ترجمه [tarjome]	torre
[u]	نیرو [niru]	mundo
[v]	ورشو [varšow]	travieso
[w]	روشن [rowšan]	acuerdo
[x]	کاخ [kāx]	reloj
[y]	بیابان [biyābān]	asiento
[z]	زنجیر [zanjir]	desde
[ž]	ژوئن [žuan]	adyacente

ABREVIATURAS
usadas en el vocabulario

Abreviatura en español

adj	-	adjetivo
adv	-	adverbio
anim.	-	animado
conj	-	conjunción
etc.	-	etcétera
f	-	sustantivo femenino
f pl	-	femenino plural
fam.	-	uso familiar
fem.	-	femenino
form.	-	uso formal
inanim.	-	inanimado
innum.	-	innumerable
m	-	sustantivo masculino
m pl	-	masculino plural
m, f	-	masculino, femenino
masc.	-	masculino
mat	-	matemáticas
mil.	-	militar
num.	-	numerable
p.ej.	-	por ejemplo
pl	-	plural
pron	-	pronombre
sg	-	singular
v aux	-	verbo auxiliar
vi	-	verbo intransitivo
vi, vt	-	verbo intransitivo, verbo transitivo
vr	-	verbo reflexivo
vt	-	verbo transitivo

CONCEPTOS BÁSICOS

Conceptos básicos. Unidad 1

1. Los pronombres

yo	man	من
tú	to	تو
él, ella, ello	u	او
nosotros, -as	mā	ما
vosotros, -as	šomā	شما
ellos, ellas	ān-hā	آنها

2. Saludos. Salutaciones. Despedidas

¡Hola! (form.)	salām	سلام
¡Buenos días!	sobh bexeyr	صبح بخیر
¡Buenas tardes!	ruz bexeyr!	روز بخیر!
¡Buenas noches!	asr bexeyr	عصربخیر
decir hola	salām kardan	سلام کردن
¡Hola! (a un amigo)	salām	سلام
saludo (m)	salām	سلام
saludar (vt)	salām kardan	سلام کردن
¿Cómo estáis?	haletān četowr ast?	حالتان چطور است؟
¿Cómo estás?	četorid?	چطورید؟
¿Qué hay de nuevo?	če xabar?	چه خبر؟
¡Hasta la vista! (form.)	xodāhāfez	خداحافظ
¡Hasta la vista! (fam.)	bāy bāy	بای بای
¡Hasta pronto!	be omid-e didār!	به امید دیدار!
¡Adiós!	xodāhāfez!	خداحافظ!
despedirse (vr)	xodāhāfezi kardan	خداحافظی کردن
¡Hasta luego!	tā bezudi!	تا بزودی!
¡Gracias!	motešakker-am!	متشکرم!
¡Muchas gracias!	besyār motešakker-am!	بسیار متشکرم!
De nada	xāheš mikonam	خواهش می کنم
No hay de qué	tašakkor lāzem nist	تشکر لازم نیست
De nada	qābel-i nadārad	قابلی ندارد
¡Disculpa!	bebaxšid!	ببخشید!
disculpar (vt)	baxšidan	بخشیدن
disculparse (vr)	ozr xāstan	عذر خواستن
Mis disculpas	ozr mixāham	عذرمی خواهم

¡Perdóneme!	bebaxšid!	ببخشید!
perdonar (vt)	baxšidan	بخشیدن
¡No pasa nada!	mohem nist	مهم نیست
por favor	lotfan	لطفاً

¡No se le olvide!	farāmuš nakonid!	فراموش نکنید!
¡Ciertamente!	albate!	البته!
¡Claro que no!	albate ke neh!	البته که نه!
¡De acuerdo!	besyār xob!	بسیارخوب!
¡Basta!	bas ast!	بس است!

3. Como dirigirse a otras personas

¡Perdóneme!	bebaxšid!	ببخشید!
señor	āqā	آقا
señora	xānom	خانم
señorita	xānom	خانم
joven	mard-e javān	مرد جوان
niño	pesar bače	پسر بچه
niña	doxtar bačče	دختربچه

4. Números cardinales. Unidad 1

cero	sefr	صفر
uno	yek	یک
dos	do	دو
tres	se	سه
cuatro	čāhār	چهار

cinco	panj	پنج
seis	šeš	شش
siete	haft	هفت
ocho	hašt	هشت
nueve	neh	نه

diez	dah	ده
once	yāzdah	یازده
doce	davāzdah	دوازده
trece	sizdah	سیزده
catorce	čāhārdah	چهارده

quince	pānzdah	پانزده
dieciséis	šānzdah	شانزده
diecisiete	hefdah	هفده
dieciocho	hijdah	هیجده
diecinueve	nuzdah	نوزده

veinte	bist	بیست
veintiuno	bist-o yek	بیست ویک
veintidós	bist-o do	بیست ودو
veintitrés	bist-o se	بیست وسه
treinta	si	سی

treinta y uno	si-yo yek	سی ویک
treinta y dos	si-yo do	سی ودو
treinta y tres	si-yo se	سی وسه
cuarenta	čehel	چهل
cuarenta y uno	čehel-o yek	چهل ویک
cuarenta y dos	čehel-o do	چهل ودو
cuarenta y tres	čehel-o se	چهل وسه
cincuenta	panjāh	پنجاه
cincuenta y uno	panjāh-o yek	پنجاه ویک
cincuenta y dos	panjāh-o do	پنجاه ودو
cincuenta y tres	panjāh-o se	پنجاه وسه
sesenta	šast	شصت
sesenta y uno	šast-o yek	شصت ویک
sesenta y dos	šast-o do	شصت ودو
sesenta y tres	šast-o se	شصت وسه
setenta	haftād	هفتاد
setenta y uno	haftād-o yek	هفتاد ویک
setenta y dos	haftād-o do	هفتاد ودو
setenta y tres	haftād-o se	هفتاد وسه
ochenta	haštād	هشتاد
ochenta y uno	haštād-o yek	هشتاد ویک
ochenta y dos	haštād-o do	هشتاد ودو
ochenta y tres	haštād-o se	هشتاد وسه
noventa	navad	نود
noventa y uno	navad-o yek	نود ویک
noventa y dos	navad-o do	نود ودو
noventa y tres	navad-o se	نود وسه

5. Números cardinales. Unidad 2

cien	sad	صد
doscientos	devist	دویست
trescientos	sisad	سیصد
cuatrocientos	čāhārsad	چهارصد
quinientos	pānsad	پانصد
seiscientos	šešsad	ششصد
setecientos	haftsad	هفتصد
ochocientos	haštsad	هشتصد
novecientos	nohsad	نهصد
mil	hezār	هزار
dos mil	dohezār	دوهزار
tres mil	se hezār	سه هزار
diez mil	dah hezār	ده هزار
cien mil	sad hezār	صد هزار
millón (m)	milyun	میلیون
mil millones	milyārd	میلیارد

6. Números ordinales

primero (adj)	avvalin	اولین
segundo (adj)	dovvomin	دومین
tercero (adj)	sevvomin	سومین
cuarto (adj)	čāhāromin	چهارمین
quinto (adj)	panjomin	پنجمین
sexto (adj)	šešomin	ششمین
séptimo (adj)	haftomin	هفتمین
octavo (adj)	haštomin	هشتمین
noveno (adj)	nohomin	نهمین
décimo (adj)	dahomin	دهمین

7. Números. Fracciones

fracción (f)	kasr	کسر
un medio	yek dovvom	یک دوم
un tercio	yek sevvom	یک سوم
un cuarto	yek čāhārom	یک چهارم
un octavo	yek panjom	یک هشتم
un décimo	yek dahom	یک دهم
dos tercios	do sevvom	دو سوم
tres cuartos	se čāhārrom	سه چهارم

8. Números. Operaciones básicas

sustracción (f)	tafriq	تفریق
sustraer (vt)	tafriq kardan	تفریق کردن
división (f)	taqsim	تقسیم
dividir (vt)	taqsim kardan	تقسیم کردن
adición (f)	jam'	جمع
sumar (totalizar)	jam' kardan	جمع کردن
adicionar (vt)	ezāfe kardan	اضافه کردن
multiplicación (f)	zarb	ضرب
multiplicar (vt)	zarb kardan	ضرب کردن

9. Números. Miscelánea

cifra (f)	raqam	رقم
número (m) (~ cardinal)	adad	عدد
numeral (m)	adadi	عددی
menos (m)	manfi	منفی
más (m)	mosbat	مثبت
fórmula (f)	formul	فرمول
cálculo (m)	mohāsebe	محاسبه
contar (vt)	šemordan	شمردن

calcular (vt)	mohāsebe kardan	محاسبه کردن
comparar (vt)	moqāyse kardan	مقایسه کردن
¿Cuánto?	čeqadr?	چقدر؟
suma (f)	jam'-e kol	جمع کل
resultado (m)	natije	نتیجه
resto (m)	bāqimānde	باقیمانده
algunos, algunas ...	čand	چند
poco (adv)	kami	کمی
resto (m)	baqiye	بقیه
uno y medio	yek-o nim	یک و نیم
docena (f)	dojin	دوجین
en dos	be do qesmat	به دو قسمت
en partes iguales	be tāsavi	به تساوی
mitad (f)	nim	نیم
vez (f)	daf'e	دفعه

10. Los verbos más importantes. Unidad 1

abrir (vt)	bāz kardan	باز کردن
acabar, terminar (vt)	be pāyān resāndan	به پایان رساندن
aconsejar (vt)	nasihat kardan	نصیحت کردن
adivinar (vt)	hads zadan	حدس زدن
advertir (vt)	hošdār dādan	هشدار دادن
alabarse, jactarse (vr)	be rox kešidan	به رخ کشیدن
almorzar (vi)	nāhār xordan	ناهار خوردن
alquilar (~ una casa)	ejāre kardan	اجاره کردن
amenazar (vt)	tahdid kardan	تهدید کردن
arrepentirse (vr)	afsus xordan	افسوس خوردن
ayudar (vt)	komak kardan	کمک کردن
bañarse (vr)	ābtani kardan	آبتنی کردن
bromear (vi)	šuxi kardan	شوخی کردن
buscar (vt)	jostoju kardan	جستجو کردن
caer (vi)	oftādan	افتادن
callarse (vr)	sāket māndan	ساکت ماندن
cambiar (vt)	avaz kardan	عوض کردن
castigar, punir (vt)	tanbih kardan	تنبیه کردن
cavar (vt)	kandan	کندن
cazar (vi, vt)	šekār kardan	شکار کردن
cenar (vi)	šām xordan	شام خوردن
cesar (vt)	bas kardan	بس کردن
coger (vt)	gereftan	گرفتن
comenzar (vt)	šoru' kardan	شروع کردن
comparar (vt)	moqāyse kardan	مقایسه کردن
comprender (vt)	fahmidan	فهمیدن
confiar (vt)	etminān kardan	اطمینان کردن
confundir (vt)	qāti kardan	قاطی کردن
conocer (~ a alguien)	šenāxtan	شناختن

contar (vt) (enumerar)	šemordan	شمردن
contar con …	hesāb kardan	حساب کردن
continuar (vt)	edāme dādan	ادامه دادن
controlar (vt)	kontorol kardan	کنترل کردن
correr (vi)	davidan	دویدن
costar (vt)	qeymat dāštan	قیمت داشتن
crear (vt)	ijād kardan	ایجاد کردن

11. Los verbos más importantes. Unidad 2

dar (vt)	dādan	دادن
dar una pista	sarnax dādan	سرنخ دادن
decir (vt)	goftan	گفتن
decorar (para la fiesta)	tazyin kardan	تزیین کردن
defender (vt)	defā' kardan	دفاع کردن
dejar caer	andāxtan	انداختن
desayunar (vi)	sobhāne xordan	صبحانه خوردن
descender (vi)	pāyin āmadan	پایین آمدن
dirigir (administrar)	edāre kardan	اداره کردن
disculpar (vt)	baxšidan	بخشیدن
disculparse (vr)	ozr xāstan	عذر خواستن
discutir (vt)	bahs kardan	بحث کردن
dudar (vt)	šok dāštan	شک داشتن
encontrar (hallar)	peydā kardan	پیدا کردن
engañar (vi, vt)	farib dādan	فریب دادن
entrar (vi)	vāred šodan	وارد شدن
enviar (vt)	ferestādan	فرستادن
equivocarse (vr)	eštebāh kardan	اشتباه کردن
escoger (vt)	entexāb kardan	انتخاب کردن
esconder (vt)	penhān kardan	پنهان کردن
escribir (vt)	neveštan	نوشتن
esperar (aguardar)	montazer budan	منتظر بودن
esperar (tener esperanza)	omid dāštan	امید داشتن
estar de acuerdo	movāfeqat kardan	موافقت کردن
estudiar (vt)	dars xāndan	درس خواندن
exigir (vt)	darxāst kardan	درخواست کردن
existir (vi)	vojud dāštan	وجود داشتن
explicar (vt)	touzih dādan	توضیح دادن
faltar (a las clases)	qāyeb budan	غایب بودن
firmar (~ el contrato)	emzā kardan	امضا کردن
girar (~ a la izquierda)	pičidan	پیچیدن
gritar (vi)	faryād zadan	فریاد زدن
guardar (conservar)	hefz kardan	حفظ کردن
gustar (vi)	dust dāštan	دوست داشتن
hablar (vi, vt)	harf zadan	حرف زدن
hacer (vt)	anjām dādan	انجام دادن
informar (vt)	āgah kardan	آگاه کردن

insistir (vi)	esrār kardan	اصرار کردن
insultar (vt)	towhin kardan	توهین کردن
interesarse (vr)	alāqe dāštan	علاقه داشتن
invitar (vt)	da'vat kardan	دعوت کردن
ir (a pie)	raftan	رفتن
jugar (divertirse)	bāzi kardan	بازی کردن

12. Los verbos más importantes. Unidad 3

leer (vi, vt)	xāndan	خواندن
liberar (ciudad, etc.)	āzād kardan	آزاد کردن
llamar (por ayuda)	komak xāstan	کمک خواستن
llegar (vi)	residan	رسیدن
llorar (vi)	gerye kardan	گریه کردن
matar (vt)	koštan	کشتن
mencionar (vt)	zekr kardan	ذکر کردن
mostrar (vt)	nešān dādan	نشان دادن
nadar (vi)	šenā kardan	شنا کردن
negarse (vr)	rad kardan	رد کردن
objetar (vt)	moxalefat kardan	مخالفت کردن
observar (vt)	mošāhede kardan	مشاهده کردن
oír (vt)	šenidan	شنیدن
olvidar (vt)	farāmuš kardan	فراموش کردن
orar (vi)	do'ā kardan	دعا کردن
ordenar (mil.)	farmān dādan	فرمان دادن
pagar (vi, vt)	pardāxtan	پرداختن
pararse (vr)	motevaghef šodan	متوقف شدن
participar (vi)	šerekat kardan	شرکت کردن
pedir (ayuda, etc.)	xāstan	خواستن
pedir (en restaurante)	sefāreš dādan	سفارش دادن
pensar (vi, vt)	fekr kardan	فکر کردن
percibir (ver)	motevajjeh šodan	متوجه شدن
perdonar (vt)	baxšidan	بخشیدن
permitir (vt)	ejāze dādan	اجازه دادن
pertenecer a ...	ta'alloq dāštan	تعلق داشتن
planear (vt)	barnāmerizi kardan	برنامه ریزی کردن
poder (v aux)	tavānestan	توانستن
poseer (vt)	sāheb budan	صاحب بودن
preferir (vt)	tarjih dādan	ترجیح دادن
preguntar (vt)	porsidan	پرسیدن
preparar (la cena)	poxtan	پختن
prever (vt)	pišbini kardan	پیش بینی کردن
probar, tentar (vt)	talāš kardan	تلاش کردن
prometer (vt)	qowl dādan	قول دادن
pronunciar (vt)	talaffoz kardan	تلفظ کردن
proponer (vt)	pišnahād dādan	پیشنهاد دادن

quebrar (vt)	šekastan	شکستن
quejarse (vr)	šekāyat kardan	شکایت کردن
querer (amar)	dust dāštan	دوست داشتن
querer (desear)	xāstan	خواستن

13. Los verbos más importantes. Unidad 4

recomendar (vt)	towsie kardan	توصیه کردن
regañar, reprender (vt)	da'vā kardan	دعوا کردن
reírse (vr)	xandidan	خندیدن
repetir (vt)	tekrār kardan	تکرار کردن
reservar (~ una mesa)	rezerv kardan	رزرو کردن
responder (vi, vt)	javāb dādan	جواب دادن

robar (vt)	dozdidan	دزدیدن
saber (~ algo mas)	dānestan	دانستن
salir (vi)	birun raftan	بیرون رفتن
salvar (vt)	najāt dādan	نجات دادن
seguir …	donbāl kardan	دنبال کردن
sentarse (vr)	nešastan	نشستن

ser necesario	hāmi budan	حامی بودن
ser, estar (vi)	budan	بودن
significar (vt)	ma'ni dāštan	معنی داشتن
sonreír (vi)	labxand zadan	لبخند زدن
sorprenderse (vr)	mote'ajjeb šodan	متعجب شدن

subestimar (vt)	dast-e kam gereftan	دست کم گرفتن
tener (vt)	dāštan	داشتن
tener hambre	gorosne budan	گرسنه بودن
tener miedo	tarsidan	ترسیدن

tener prisa	ajale kardan	عجله کردن
tener sed	tešne budan	تشنه بودن
tirar, disparar (vi)	tirandāzi kardan	تیراندازی کردن
tocar (con las manos)	lams kardan	لمس کردن
tomar (vt)	bardāštan	برداشتن
tomar nota	neveštan	نوشتن

trabajar (vi)	kār kardan	کار کردن
traducir (vt)	tarjome kardan	ترجمه کردن
unir (vt)	mottahed kardan	متحد کردن
vender (vt)	foruxtan	فروختن
ver (vt)	didan	دیدن
volar (pájaro, avión)	parvāz kardan	پرواز کردن

14. Los colores

color (m)	rang	رنگ
matiz (m)	teyf-e rang	طیف رنگ
tono (m)	rangmaye	رنگمایه
arco (m) iris	rangin kamān	رنگین کمان

blanco (adj)	sefid	سفید
negro (adj)	siyāh	سیاه
gris (adj)	xākestari	خاکستری
verde (adj)	sabz	سبز
amarillo (adj)	zard	زرد
rojo (adj)	sorx	سرخ
azul (adj)	abi	آبی
azul claro (adj)	ābi rowšan	آبی روشن
rosa (adj)	surati	صورتی
naranja (adj)	nārenji	نارنجی
violeta (adj)	banafš	بنفش
marrón (adj)	qahve i	قهوه ای
dorado (adj)	talāyi	طلایی
argentado (adj)	noqre i	نقره ای
beige (adj)	baž	بژ
crema (adj)	kerem	کرم
turquesa (adj)	firuze i	فیروزه ای
rojo cereza (adj)	ālbāluyi	آلبالویی
lila (adj)	banafš yasi	بنفش یاسی
carmesí (adj)	zereški	زرشکی
claro (adj)	rowšan	روشن
oscuro (adj)	tire	تیره
vivo (adj)	rowšan	روشن
de color (lápiz ~)	rangi	رنگی
en colores (película ~)	rangi	رنگی
blanco y negro (adj)	siyāh-o sefid	سیاه و سفید
unicolor (adj)	yek rang	یک رنگ
multicolor (adj)	rangārang	رنگارنگ

15. Las preguntas

¿Quién?	če kas-i?	چه کسی؟
¿Qué?	če čiz-i?	چه چیزی؟
¿Dónde?	kojā?	کجا؟
¿Adónde?	kojā?	کجا؟
¿De dónde?	az kojā?	از کجا؟
¿Cuándo?	če vaqt?	چه وقت؟
¿Para qué?	čerā?	چرا؟
¿Por qué?	čerā?	چرا؟
¿Por qué razón?	barā-ye če?	برای چه؟
¿Cómo?	četor?	چطور؟
¿Qué ...? (~ color)	kodām?	کدام؟
¿Cuál?	kodām?	کدام؟
¿A quién?	barā-ye ki?	برای کی؟
¿De quién? (~ hablan ...)	dar bāre-ye ki?	درباره کی؟
¿De qué?	darbāre-ye či?	درباره چی؟

¿Con quién?	bā ki?	با کی؟
¿Cuánto?	čeqadr?	چقدر؟
¿De quién?	māl-e ki?	مال کی؟

16. Las preposiciones

con ... (~ algn)	bā	با
sin ... (~ azúcar)	bedune	بدون
a ... (p.ej. voy a México)	be	به
de ... (hablar ~)	rāje' be	راجع به
antes de ...	piš az	پیش از
delante de ...	dar moqābel	در مقابل
debajo	zir	زیر
sobre ..., encima de ...	bālā-ye	بالای
en, sobre (~ la mesa)	ruy	روی
de (origen)	az	از
de (fabricado de)	az	از
dentro de ...	tā	تا
encima de ...	az bālāye	از بالای

17. Las palabras útiles. Los adverbios. Unidad 1

¿Dónde?	kojā?	کجا؟
aquí (adv)	in jā	این جا
allí (adv)	ānjā	آنجا
en alguna parte	jā-yi	جایی
en ninguna parte	hič kojā	هیچ کجا
junto a ...	nazdik	نزدیک
junto a la ventana	nazdik panjere	نزدیک پنجره
¿A dónde?	kojā?	کجا؟
aquí (venga ~)	in jā	این جا
allí (vendré ~)	ānjā	آنجا
de aquí (adv)	az injā	از اینجا
de allí (adv)	az ānjā	از آنجا
cerca (no lejos)	nazdik	نزدیک
lejos (adv)	dur	دور
cerca de ...	nazdik	نزدیک
al lado (de ...)	nazdik	نزدیک
no lejos (adv)	nazdik	نزدیک
izquierdo (adj)	čap	چپ
a la izquierda (situado ~)	dast-e čap	دست چپ
a la izquierda (girar ~)	be čap	به چپ
derecho (adj)	rāst	راست
a la derecha (situado ~)	dast-e rāst	دست راست

a la derecha (girar)	be rāst	به راست
delante (yo voy ~)	jelo	جلو
delantero (adj)	jelo	جلو
adelante (movimiento)	jelo	جلو
detrás de ...	aqab	عقب
desde atrás	az aqab	از عقب
atrás (da un paso ~)	aqab	عقب
centro (m), medio (m)	vasat	وسط
en medio (adv)	dar vasat	در وسط
de lado (adv)	pahlu	پهلو
en todas partes	hame jā	همه جا
alrededor (adv)	atrāf	اطراف
de dentro (adv)	az daxel	از داخل
a alguna parte	jā-yi	جایی
todo derecho (adv)	mostaqim	مستقیم
atrás (muévelo para ~)	aqab	عقب
de alguna parte (adv)	az har jā	از هر جا
no se sabe de dónde	az yek jā-yi	از یک جایی
primero (adv)	avvalan	اولاً
segundo (adv)	dumā	دوما
tercero (adv)	sālesan	ثالثاً
de súbito (adv)	nāgahān	ناگهان
al principio (adv)	dar avval	در اول
por primera vez	barā-ye avvalin bār	برای اولین بار
mucho tiempo antes ...	xeyli vaqt piš	خیلی وقت پیش
de nuevo (adv)	az now	از نو
para siempre (adv)	barā-ye hamiše	برای همیشه
jamás, nunca (adv)	hič vaqt	هیچ وقت
de nuevo (adv)	dobāre	دوباره
ahora (adv)	alān	الان
frecuentemente (adv)	aqlab	اغلب
entonces (adv)	ān vaqt	آن وقت
urgentemente (adv)	foran	فوراً
usualmente (adv)	ma'mulan	معمولاً
a propósito, ...	rāst-i	راستی
es probable	momken ast	ممکن است
probablemente (adv)	ehtemālan	احتمالاً
tal vez	šāyad	شاید
además ...	bealāve	بعلاوه
por eso ...	be hamin xāter	به همین خاطر
a pesar de ...	alāraqm	علیرغم
gracias a ...	be lotf	به لطف
qué (pron)	če?	چه؟
que (conj)	ke	که
algo (~ le ha pasado)	yek čiz-i	یک چیزی
algo (~ así)	yek kāri	یک کاری

nada (f)	hič čiz	هیچ چیز
quien	ki	کی
alguien (viene ~)	yek kas-i	یک کسی
alguien (¿ha llamado ~?)	yek kas-i	یک کسی
nadie	hič kas	هیچ کس
a ninguna parte	hič kojā	هیچ کجا
de nadie	māl-e hičkas	مال هیچ کس
de alguien	har kas-i	هر کسی
tan, tanto (adv)	xeyli	خیلی
también (~ habla francés)	ham	هم
también (p.ej. Yo ~)	ham	هم

18. Las palabras útiles. Los adverbios. Unidad 2

¿Por qué?	čerā?	چرا؟
no se sabe porqué	be dalil-i	به دلیلی
porque ...	čon	چون
por cualquier razón (adv)	barā-ye maqsudi	برای مقصودی
y (p.ej. uno y medio)	va	و
o (p.ej. té o café)	yā	یا
pero (p.ej. me gusta, ~)	ammā	اما
para (p.ej. es para ti)	barā-ye	برای
demasiado (adv)	besyār	بسیار
sólo, solamente (adv)	faqat	فقط
exactamente (adv)	daqiqan	دقیقا
unos ..., cerca de ... (~ 10 kg)	taqriban	تقریباً
aproximadamente	taqriban	تقریباً
aproximado (adj)	taqribi	تقریبی
casi (adv)	taqriban	تقریباً
resto (m)	baqiye	بقیه
el otro (adj)	digar	دیگر
otro (p.ej. el otro día)	digar	دیگر
cada (adj)	har	هر
cualquier (adj)	har	هر
mucho (adv)	ziyād	زیاد
muchos (mucha gente)	besyāri	بسیاری
todos	hame	همه
a cambio de ...	dar avaz	در عوض
en cambio (adv)	dar barābar	در برابر
a mano (hecho ~)	dasti	دستی
poco probable	baid ast	بعید است
probablemente	ehtemālan	احتمالاً
a propósito (adv)	amdan	عمداً
por accidente (adv)	tasādofi	تصادفی
muy (adv)	besyār	بسیار

por ejemplo (adv)	masalan	مثلاً
entre (~ nosotros)	beyn	بین
entre (~ otras cosas)	miyān	میان
tanto (~ gente)	in qadr	این قدر
especialmente (adv)	maxsusan	مخصوصاً

Conceptos básicos. Unidad 2

19. Los días de la semana

lunes (m)	došanbe	دوشنبه
martes (m)	se šanbe	سه شنبه
miércoles (m)	čāhāršanbe	چهارشنبه
jueves (m)	panj šanbe	پنج شنبه
viernes (m)	jom'e	جمعه
sábado (m)	šanbe	شنبه
domingo (m)	yek šanbe	یک شنبه
hoy (adv)	emruz	امروز
mañana (adv)	fardā	فردا
pasado mañana	pas fardā	پس فردا
ayer (adv)	diruz	دیروز
anteayer (adv)	pariruz	پریروز
día (m)	ruz	روز
día (m) de trabajo	ruz-e kāri	روز کاری
día (m) de fiesta	ruz-e jašn	روز جشن
día (m) de descanso	ruz-e ta'til	روز تعطیل
fin (m) de semana	āxar-e hafte	آخر هفته
todo el día	tamām-e ruz	تمام روز
al día siguiente	ruz-e ba'd	روز بعد
dos días atrás	do ruz-e piš	دو روز پیش
en vísperas (adv)	ruz-e qabl	روز قبل
diario (adj)	ruzāne	روزانه
cada día (adv)	har ruz	هر روز
semana (f)	hafte	هفته
semana (f) pasada	hafte-ye gozašte	هفته گذشته
semana (f) que viene	hafte-ye āyande	هفته آینده
semanal (adj)	haftegi	هفتگی
cada semana (adv)	har hafte	هر هفته
2 veces por semana	do bār dar hafte	دو بار درهفته
todos los martes	har sešanbe	هر سه شنبه

20. Las horas. El día y la noche

mañana (f)	sobh	صبح
por la mañana	sobh	صبح
mediodía (m)	zohr	ظهر
por la tarde	ba'd az zohr	بعد ازظهر
noche (f)	asr	عصر
por la noche	asr	عصر

noche (f) (p.ej. 2:00 a.m.)	šab	شب
por la noche	šab	شب
medianoche (f)	nesfe šab	نصفه شب
segundo (m)	sānie	ثانیه
minuto (m)	daqiqe	دقیقه
hora (f)	sā'at	ساعت
media hora (f)	nim sā'at	نیم ساعت
cuarto (m) de hora	yek rob'	یک ربع
quince minutos	pānzdah daqiqe	پانزده دقیقه
veinticuatro horas	šabāne ruz	شبانه روز
salida (f) del sol	tolu-'e āftāb	طلوع آفتاب
amanecer (m)	sahar	سحر
madrugada (f)	sobh-e zud	صبح زود
puesta (f) del sol	qorub	غروب
de madrugada	sobh-e zud	صبح زود
esta mañana	emruz sobh	امروز صبح
mañana por la mañana	fardā sobh	فردا صبح
esta tarde	emruz zohr	امروز ظهر
por la tarde	ba'd az zohr	بعد از ظهر
mañana por la tarde	fardā ba'd az zohr	فردا بعد از ظهر
esta noche (p.ej. 8:00 p.m.)	emšab	امشب
mañana por la noche	fardā šab	فردا شب
a las tres en punto	sar-e sā'at-e se	سر ساعت ۳
a eso de las cuatro	nazdik-e sā'at-e čāhār	نزدیک ساعت ۴
para las doce	nazdik zohr	نزدیک ظهر
dentro de veinte minutos	bist daqiqe-ye digar	۲۰ دقیقه دیگر
dentro de una hora	yek sā'at-e digar	یک ساعت دیگر
a tiempo (adv)	be moqe'	به موقع
… menos cuarto	yek rob' be	یک ربع به
durante una hora	yek sā'at-e digar	یک ساعت دیگر
cada quince minutos	har pānzdah daqiqe	هر ۱۵ دقیقه
día y noche	šabāne ruz	شبانه روز

21. Los meses. Las estaciones

enero (m)	žānvie	ژانویه
febrero (m)	fevriye	فوریه
marzo (m)	mārs	مارس
abril (m)	āvril	آوریل
mayo (m)	meh	مه
junio (m)	žuan	ژوئن
julio (m)	žuiye	ژوئیه
agosto (m)	owt	اوت
septiembre (m)	septāmbr	سپتامبر
octubre (m)	oktobr	اکتبر

noviembre (m)	novāmbr	نوامبر
diciembre (m)	desāmr	دسامبر
primavera (f)	bahār	بهار
en primavera	dar bahār	در بهار
de primavera (adj)	bahāri	بهاری
verano (m)	tābestān	تابستان
en verano	dar tābestān	در تابستان
de verano (adj)	tābestāni	تابستانی
otoño (m)	pāyiz	پاییز
en otoño	dar pāyiz	در پاییز
de otoño (adj)	pāyizi	پاییزی
invierno (m)	zemestān	زمستان
en invierno	dar zemestān	در زمستان
de invierno (adj)	zemestāni	زمستانی
mes (m)	māh	ماه
este mes	in māh	این ماه
al mes siguiente	māh-e āyande	ماه آینده
el mes pasado	māh-e gozašte	ماه گذشته
hace un mes	yek māh qabl	یک ماه قبل
dentro de un mes	yek māh digar	یک ماه دیگر
dentro de dos meses	do māh-e digar	۲ ماه دیگر
todo el mes	tamām-e māh	تمام ماه
todo un mes	tamām-e māh	تمام ماه
mensual (adj)	māhāne	ماهانه
mensualmente (adv)	māhāne	ماهانه
cada mes	har māh	هر ماه
dos veces por mes	do bār dar māh	دو بار در ماه
año (m)	sāl	سال
este año	emsāl	امسال
el próximo año	sāl-e āyande	سال آینده
el año pasado	sāl-e gozašte	سال گذشته
hace un año	yek sāl qabl	یک سال قبل
dentro de un año	yek sāl-e digar	یک سال دیگر
dentro de dos años	do sāl-e digar	۲ سال دیگر
todo el año	tamām-e sāl	تمام سال
todo un año	tamām-e sāl	تمام سال
cada año	har sāl	هر سال
anual (adj)	sālāne	سالانه
anualmente (adv)	sālāne	سالانه
cuatro veces por año	čāhār bār dar sāl	چهار بار در سال
fecha (f) (la ~ de hoy es …)	tārix	تاریخ
fecha (f) (~ de entrega)	tārix	تاریخ
calendario (m)	taqvim	تقویم
medio año (m)	nim sāl	نیم سال
seis meses	nim sāl	نیم سال

| estación (f) | fasl | فصل |
| siglo (m) | qarn | قرن |

22. Las unidades de medida

peso (m)	vazn	وزن
longitud (f)	tul	طول
anchura (f)	arz	عرض
altura (f)	ertefāʿ	ارتفاع
profundidad (f)	omq	عمق
volumen (m)	hajm	حجم
área (f)	masāhat	مساحت
gramo (m)	garm	گرم
miligramo (m)	mili geram	میلی گرم
kilogramo (m)	kilugeram	کیلوگرم
tonelada (f)	ton	تن
libra (f)	pond	پوند
onza (f)	ons	اونس
metro (m)	metr	متر
milímetro (m)	mili metr	میلی متر
centímetro (m)	sāntimetr	سانتیمتر
kilómetro (m)	kilumetr	کیلومتر
milla (f)	māyel	مایل
pulgada (f)	inč	اینچ
pie (m)	fowt	فوت
yarda (f)	yārd	یارد
metro (m) cuadrado	metr morabbaʿ	متر مربع
hectárea (f)	hektār	هکتار
litro (m)	litr	لیتر
grado (m)	daraje	درجه
voltio (m)	volt	ولت
amperio (m)	āmper	آمپر
caballo (m) de fuerza	asb-e boxār	اسب بخار
cantidad (f)	meqdār	مقدار
un poco de …	kami	کمی
mitad (f)	nim	نیم
docena (f)	dojin	دوجین
pieza (f)	tā	تا
dimensión (f)	andāze	اندازه
escala (f) (del mapa)	meqyās	مقیاس
mínimo (adj)	haddeaqal	حداقل
el más pequeño (adj)	kučaktarin	کوچکترین
medio (adj)	motevasset	متوسط
máximo (adj)	haddeaksar	حداکثر
el más grande (adj)	bištarin	بیشترین

23. Contenedores

tarro (m) de vidrio	šišeh konserv	شیشه کنسرو
lata (f)	quti	قوطی
cubo (m)	satl	سطل
barril (m)	boške	بشکه
palangana (f)	tašt	تشت
tanque (m)	maxzan	مخزن
petaca (f) (de alcohol)	qomqome	قمقمه
bidón (m) de gasolina	dabbe	دبه
cisterna (f)	maxzan	مخزن
taza (f) (mug de cerámica)	livān	لیوان
taza (f) (~ de café)	fenjān	فنجان
platillo (m)	na'lbeki	نعلبکی
vaso (m) (~ de agua)	estekān	استکان
copa (f) (~ de vino)	gilās-e šarāb	گیلاس شراب
olla (f)	qāblame	قابلمه
botella (f)	botri	بطری
cuello (m) de botella	gardan-e botri	گردن بطری
garrafa (f)	tong	تنگ
jarro (m) (~ de agua)	pārč	پارچ
recipiente (m)	zarf	ظرف
tarro (m)	sofāl	سفال
florero (m)	goldān	گلدان
frasco (m) (~ de perfume)	botri	بطری
frasquito (m)	viyāl	ویال
tubo (m)	tiyub	تیوب
saco (m) (~ de azúcar)	kise	کیسه
bolsa (f) (~ plástica)	pākat	پاکت
paquete (m) (~ de cigarrillos)	baste	بسته
caja (f)	ja'be	جعبه
cajón (m) (~ de madera)	sanduq	صندوق
cesta (f)	sabad	سبد

EL SER HUMANO

El ser humano. El cuerpo

24. La cabeza

cabeza (f)	sar	سر
cara (f)	surat	صورت
nariz (f)	bini	بینی
boca (f)	dahān	دهان
ojo (m)	češm	چشم
ojos (m pl)	češm-hā	چشم ها
pupila (f)	mardomak	مردمک
ceja (f)	abru	ابرو
pestaña (f)	može	مژه
párpado (m)	pelek	پلک
lengua (f)	zabān	زبان
diente (m)	dandān	دندان
labios (m pl)	lab-hā	لب ها
pómulos (m pl)	ostexānhā-ye gune	استخوان های گونه
encía (f)	lase	لثه
paladar (m)	saqf-e dahān	سقف دهان
ventanas (f pl)	surāxhā-ye bini	سوراخ های بینی
mentón (m)	čāne	چانه
mandíbula (f)	fak	فک
mejilla (f)	gune	گونه
frente (f)	pišāni	پیشانی
sien (f)	gijgāh	گیجگاه
oreja (f)	guš	گوش
nuca (f)	pas gardan	پس گردن
cuello (m)	gardan	گردن
garganta (f)	galu	گلو
pelo, cabello (m)	mu-hā	مو ها
peinado (m)	model-e mu	مدل مو
corte (m) de pelo	model-e mu	مدل مو
peluca (f)	kolāh-e gis	کلاه گیس
bigote (m)	sebil	سبیل
barba (f)	riš	ریش
tener (~ la barba)	gozāštan	گذاشتن
trenza (f)	muy-ye bāfte	موی بافته
patillas (f pl)	xatt-e riš	خط ریش
pelirrojo (adj)	muqermez	موقرمز
gris, canoso (adj)	sefid-e mu	سفید مو

calvo (adj)	tās	طاس
calva (f)	tāsi	طاسی
cola (f) de caballo	dom-e asbi	دم اسبی
flequillo (m)	čatri	چتری

25. El cuerpo

mano (f)	dast	دست
brazo (m)	bāzu	بازو
dedo (m)	angošt	انگشت
dedo (m) del pie	šast-e pā	شصت پا
dedo (m) pulgar	šost	شست
dedo (m) meñique	angošt-e kučak	انگشت کوچک
uña (f)	nāxon	ناخن
puño (m)	mošt	مشت
palma (f)	kaf-e dast	کف دست
muñeca (f)	moč-e dast	مچ دست
antebrazo (m)	sā'ed	ساعد
codo (m)	āranj	آرنج
hombro (m)	ketf	کتف
pierna (f)	pā	پا
planta (f)	pā	پا
rodilla (f)	zānu	زانو
pantorrilla (f)	sāq	ساق
cadera (f)	rān	ران
talón (m)	pāšne-ye pā	پاشنهٔ پا
cuerpo (m)	badan	بدن
vientre (m)	šekam	شکم
pecho (m)	sine	سینه
seno (m)	sine	سینه
lado (m), costado (m)	pahlu	پهلو
espalda (f)	pošt	پشت
zona (f) lumbar	kamar	کمر
cintura (f), talle (m)	dur-e kamar	دور کمر
ombligo (m)	nāf	ناف
nalgas (f pl)	nešiman-e gāh	نشیمن گاه
trasero (m)	bāsan	باسن
lunar (m)	xāl	خال
marca (f) de nacimiento	xāl-e mādarzād	خال مادرزاد
tatuaje (m)	xāl kubi	خال کوبی
cicatriz (f)	jā-ye zaxm	جای زخم

La ropa y los accesorios

26. La ropa exterior. Los abrigos

ropa (f)	lebās	لباس
ropa (f) de calle	lebās-e ru	لباس رو
ropa (f) de invierno	lebās-e zemestāni	لباس زمستانی
abrigo (m)	pāltow	پالتو
abrigo (m) de piel	pālto-ye pustin	پالتوی پوستین
abrigo (m) corto de piel	kot-e pustin	کت پوستین
chaqueta (f) plumón	kāpšan	کاپشن
cazadora (f)	kot	کت
impermeable (m)	bārāni	بارانی
impermeable (adj)	zed-e āb	ضد آب

27. Ropa de hombre y mujer

camisa (f)	pirāhan	پیراهن
pantalones (m pl)	šalvār	شلوار
jeans, vaqueros (m pl)	jin	جین
chaqueta (f), saco (m)	kot	کت
traje (m)	kat-o šalvār	کت و شلوار
vestido (m)	lebās	لباس
falda (f)	dāman	دامن
blusa (f)	boluz	بلوز
rebeca (f), chaqueta (f) de punto	jeliqe-ye kešbāf	جلیقه کشباف
chaqueta (f)	kot	کت
camiseta (f) (T-shirt)	tey šarr-at	تی شرت
pantalones (m pl) cortos	šalvarak	شلوارک
traje (m) deportivo	lebās-e varzeši	لباس ورزشی
bata (f) de baño	howle-ye hamām	حوله حمام
pijama (m)	pižāme	پیژامه
suéter (m)	poliver	پلیور
pulóver (m)	poliver	پلیور
chaleco (m)	jeliqe	جلیقه
frac (m)	kat-e dāman gerd	کت دامن گرد
esmoquin (m)	esmoking	اسموکینگ
uniforme (m)	oniform	اونیفورم
ropa (f) de trabajo	lebās-e kār	لباس کار
mono (m)	rupuš	روپوش
bata (f) (p. ej. ~ blanca)	rupuš	روپوش

28. La ropa. La ropa interior

ropa (f) interior	lebās-e zir	لباس زیر
bóxer (m)	šort-e bākser	شورت باکسر
bragas (f pl)	šort-e zanāne	شورت زنانه
camiseta (f) interior	zir-e pirāhan-i	زیر پیراهنی
calcetines (m pl)	jurāb	جوراب
camisón (m)	lebās-e xāb	لباس خواب
sostén (m)	sine-ye band	سینه بند
calcetines (m pl) altos	sāq	ساق
pantimedias (f pl)	jurāb-e šalvāri	جوراب شلواری
medias (f pl)	jurāb-e sāqeboland	جوراب ساقه بلند
traje (m) de baño	māyo	مایو

29. Gorras

gorro (m)	kolāh	کلاه
sombrero (m) de fieltro	šāpo	شاپو
gorra (f) de béisbol	kolāh beysbāl	کلاه بیس بال
gorra (f) plana	kolāh-e taxt	کلاه تخت
boina (f)	kolāh barre	کلاه بره
capuchón (m)	kolāh-e bārāni	کلاه بارانی
panamá (m)	kolāh-e dowre-ye boland	کلاه دوره بلند
gorro (m) de punto	kolāh-e bāftani	کلاه بافتنی
pañuelo (m)	rusari	روسری
sombrero (m) de mujer	kolāh-e zanāne	کلاه زنانه
casco (m) (~ protector)	kolāh-e imeni	کلاه ایمنی
gorro (m) de campaña	kolāh-e pādegān	کلاه پادگان
casco (m) (~ de moto)	kolāh-e imeni	کلاه ایمنی
bombín (m)	kolāh-e namadi	کلاه نمدی
sombrero (m) de copa	kolāh-e ostovānei	کلاه استوانه ای

30. El calzado

calzado (m)	kafš	کفش
botas (f pl)	putin	پوتین
zapatos (m pl) (~ de tacón bajo)	kafš	کفش
botas (f pl) altas	čakme	چکمه
zapatillas (f pl)	dampāyi	دمپایی
tenis (m pl)	kafš katān-i	کفش کتانی
zapatillas (f pl) de lona	kafš katān-i	کفش کتانی
sandalias (f pl)	sandal	صندل
zapatero (m)	kaffāš	کفاش
tacón (m)	pāšne-ye kafš	پاشنۀ کفش

par (m)	yek joft	یک جفت
cordón (m)	band-e kafš	بند کفش
encordonar (vt)	band-e kafš bastan	بند کفش بستن
calzador (m)	pāšne keš	پاشنه کش
betún (m)	vāks	واکس

31. Accesorios personales

guantes (m pl)	dastkeš	دستکش
manoplas (f pl)	dastkeš-e yek angošti	دستکش یک انگشتی
bufanda (f)	šāl-e gardan	شال گردن
gafas (f pl)	eynak	عینک
montura (f)	qāb	قاب
paraguas (m)	čatr	چتر
bastón (m)	asā	عصا
cepillo (m) de pelo	bores-e mu	برس مو
abanico (m)	bādbezan	بادبزن
corbata (f)	kerāvāt	کراوات
pajarita (f)	pāpiyon	پاپیون
tirantes (m pl)	band šalvār	بند شلوار
moquero (m)	dastmāl	دستمال
peine (m)	šāne	شانه
pasador (m) de pelo	sanjāq-e mu	سنجاق مو
horquilla (f)	sanjāq-e mu	سنجاق مو
hebilla (f)	sagak	سگک
cinturón (m)	kamarband	کمربند
correa (f) (de bolso)	tasme	تسمه
bolsa (f)	keyf	کیف
bolso (m)	keyf-e zanāne	کیف زنانه
mochila (f)	kule pošti	کولۀ پشتی

32. La ropa. Miscelánea

moda (f)	mod	مد
de moda (adj)	mod	مد
diseñador (m) de moda	tarrāh-e lebas	طراح لباس
cuello (m)	yaqe	یقه
bolsillo (m)	jib	جیب
de bolsillo (adj)	jibi	جیبی
manga (f)	āstin	آستین
presilla (f)	band-e āviz	بند آویز
brageta (f)	zip	زیپ
cremallera (f)	zip	زیپ
cierre (m)	sagak	سگک
botón (m)	dokme	دکمه

ojal (m)	surāx-e dokme	سوراخ دکمه
saltar (un botón)	kande šodan	کنده شدن
coser (vi, vt)	duxtan	دوختن
bordar (vt)	golduzi kardan	گلدوزی کردن
bordado (m)	golduzi	گلدوزی
aguja (f)	suzan	سوزن
hilo (m)	nax	نخ
costura (f)	darz	درز
ensuciarse (vr)	kasif šodan	کثیف شدن
mancha (f)	lakke	لکه
arrugarse (vr)	čoruk šodan	چروک شدن
rasgar (vt)	pāre kardan	پاره کردن
polilla (f)	šab parre	شب پره

33. Productos personales. Cosméticos

pasta (f) de dientes	xamir-e dandān	خمیر دندان
cepillo (m) de dientes	mesvāk	مسواک
limpiarse los dientes	mesvāk zadan	مسواک زدن
maquinilla (f) de afeitar	tiq	تیغ
crema (f) de afeitar	kerem-e riš tarāši	کرم ریش تراشی
afeitarse (vr)	riš tarāšidan	ریش تراشیدن
jabón (m)	sābun	صابون
champú (m)	šāmpu	شامپو
tijeras (f pl)	qeyči	قیچی
lima (f) de uñas	sohan-e nāxon	سوهان ناخن
cortaúñas (m pl)	nāxon gir	ناخن گیر
pinzas (f pl)	mučin	موچین
cosméticos (m pl)	lavāzem-e ārāyeši	لوازم آرایشی
mascarilla (f)	māsk	ماسک
manicura (f)	mānikur	مانیکور
hacer la manicura	mānikur kardan	مانیکور کردن
pedicura (f)	pedikur	پدیکور
bolsa (f) de maquillaje	kife lavāzem-e ārāyeši	کیف لوازم آرایشی
polvos (m pl)	pudr	پودر
polvera (f)	ja'be-ye pudr	جعبهٔ پودر
colorete (m), rubor (m)	sorxāb	سرخاب
perfume (m)	atr	عطر
agua (f) de tocador	atr	عطر
loción (f)	losiyon	لوسیون
agua (f) de Colonia	odkolon	اودکلن
sombra (f) de ojos	sāye-ye česm	سایه چشم
lápiz (m) de ojos	medād čašm	مداد چشم
rímel (m)	rimel	ریمل
pintalabios (m)	mātik	ماتیک

esmalte (m) de uñas	lāk-e nāxon	لاک ناخن
fijador (m) para el pelo	esperey-ye mu	اسپری مو
desodorante (m)	deodyrant	دئودورانت
crema (f)	kerem	کرم
crema (f) de belleza	kerem-e surat	کرم صورت
crema (f) de manos	kerem-e dast	کرم دست
crema (f) antiarrugas	kerem-e zedd-e čoruk	کرم ضد چروک
crema (f) de día	kerem-e ruz	کرم روز
crema (f) de noche	kerem-e šab	کرم شب
de día (adj)	ruzāne	روزانه
de noche (adj)	šab	شب
tampón (m)	tāmpon	تامپون
papel (m) higiénico	kāqaz-e tuālet	کاغذ توالت
secador (m) de pelo	sešovār	سشوار

34. Los relojes

reloj (m)	sā'at-e moči	ساعت مچی
esfera (f)	safhe-ye sā'at	صفحهٔ ساعت
aguja (f)	aqrabe	عقربه
pulsera (f)	band-e sāat	بند ساعت
correa (f) (del reloj)	band-e čarmi	بند چرمی
pila (f)	bātri	باطری
descargarse (vr)	tamām šodan bātri	تمام شدن باتری
cambiar la pila	bātri avaz kardan	باطری عوض کردن
adelantarse (vr)	jelo oftādan	جلو افتادن
retrasarse (vr)	aqab māndan	عقب ماندن
reloj (m) de pared	sā'at-e divāri	ساعت دیواری
reloj (m) de arena	sā'at-e šeni	ساعت شنی
reloj (m) de sol	sā'at-e āftābi	ساعت آفتابی
despertador (m)	sā'at-e zang dār	ساعت زنگ دار
relojero (m)	sā'at sāz	ساعت ساز
reparar (vt)	ta'mir kardan	تعمیر کردن

La comida y la nutrición

35. La comida

carne (f)	gušt	گوشت
gallina (f)	morq	مرغ
pollo (m)	juje	جوجه
pato (m)	ordak	اردک
ganso (m)	qāz	غاز
caza (f) menor	gušt-e šekār	گوشت شکار
pava (f)	gušt-e buqalamun	گوشت بوقلمون
carne (f) de cerdo	gušt-e xuk	گوشت خوک
carne (f) de ternera	gušt-e gusāle	گوشت گوساله
carne (f) de carnero	gušt-e gusfand	گوشت گوسفند
carne (f) de vaca	gušt-e gāv	گوشت گاو
conejo (m)	xarguš	خرگوش
salchichón (m)	kālbās	کالباس
salchicha (f)	sosis	سوسیس
beicon (m)	beykon	بیکن
jamón (m)	žāmbon	ژامبون
jamón (m) fresco	rān xuk	ران خوک
paté (m)	pāte	پاته
hígado (m)	jegar	جگر
carne (f) picada	hamberger	همبرگر
lengua (f)	zabān	زبان
huevo (m)	toxm-e morq	تخم مرغ
huevos (m pl)	toxm-e morq-ha	تخم مرغ ها
clara (f)	sefide-ye toxm-e morq	سفیده تخم مرغ
yema (f)	zarde-ye toxm-e morq	زرده تخم مرغ
pescado (m)	māhi	ماهی
mariscos (m pl)	qazā-ye daryāyi	غذای دریایی
crustáceos (m pl)	saxtpustān	سختپوستان
caviar (m)	xāviār	خاویار
cangrejo (m) de mar	xarčang	خرچنگ
camarón (m)	meygu	میگو
ostra (f)	sadaf-e xorāki	صدف خوراکی
langosta (f)	xarčang-e xārdār	خرچنگ خاردار
pulpo (m)	hašt pā	هشت پا
calamar (m)	māhi-ye morakkab	ماهی مرکب
esturión (m)	māhi-ye xāviār	ماهی خاویار
salmón (m)	māhi-ye salemon	ماهی سالمون
fletán (m)	halibut	هالیبوت
bacalao (m)	māhi-ye rowqan	ماهی روغن

caballa (f)	māhi-ye esqumeri	ماهی اسقومری
atún (m)	tan māhi	تن ماهی
anguila (f)	mārmāhi	مارماهی
trucha (f)	māhi-ye qezelālā	ماهی قزل آلا
sardina (f)	sārdin	ساردین
lucio (m)	ordak māhi	اردک ماهی
arenque (m)	māhi-ye šur	ماهی شور
pan (m)	nān	نان
queso (m)	panir	پنیر
azúcar (m)	qand	قند
sal (f)	namak	نمک
arroz (m)	berenj	برنج
macarrones (m pl)	mākāroni	ماکارونی
tallarines (m pl)	rešte-ye farangi	رشته فرنگی
mantequilla (f)	kare	کره
aceite (m) vegetal	rowqan-e nabāti	روغن نباتی
aceite (m) de girasol	rowqan āftābgardān	روغن آفتاب گردان
margarina (f)	mārgārin	مارگارین
olivas, aceitunas (f pl)	zeytun	زیتون
aceite (m) de oliva	rowqan-e zeytun	روغن زیتون
leche (f)	šir	شیر
leche (f) condensada	šir-e čegāl	شیر چگال
yogur (m)	mās-at	ماست
nata (f) agria	xāme-ye torš	خامۀ ترش
nata (f) líquida	saršir	سرشیر
mayonesa (f)	māyonez	مایونز
crema (f) de mantequilla	xāme	خامه
cereales (m pl) integrales	hobubāt	حبوبات
harina (f)	ārd	آرد
conservas (f pl)	konserv-hā	کنسرو ها
copos (m pl) de maíz	bereštuk	برشتوک
miel (f)	asal	عسل
confitura (f)	morabbā	مربا
chicle (m)	ādāms	آدامس

36. Las bebidas

agua (f)	āb	آب
agua (f) potable	āb-e āšāmidani	آب آشامیدنی
agua (f) mineral	āb-e ma'dani	آب معدنی
sin gas	bedun-e gāz	بدون گاز
gaseoso (adj)	gāzdār	گازدار
con gas	gāzdār	گازدار
hielo (m)	yax	یخ

con hielo	yax dār	یخ دار
sin alcohol	bi alkol	بی الکل
bebida (f) sin alcohol	nušābe-ye bi alkol	نوشابهٔ بی الکل
refresco (m)	nušābe-ye xonak	نوشابهٔ خنک
limonada (f)	limunād	لیموناد
bebidas (f pl) alcohólicas	mašrubāt-e alkoli	مشروبات الکلی
vino (m)	šarāb	شراب
vino (m) blanco	šarāb-e sefid	شراب سفید
vino (m) tinto	šarāb-e sorx	شراب سرخ
licor (m)	likor	لیکور
champaña (f)	šāmpāyn	شامپاین
vermú (m)	vermut	ورموت
whisky (m)	viski	ویسکی
vodka (m)	vodkā	ودکا
ginebra (f)	jin	جین
coñac (m)	konyāk	کنیاک
ron (m)	araq-e neyšekar	عرق نیشکر
café (m)	qahve	قهوه
café (m) solo	qahve-ye talx	قهوهٔ تلخ
café (m) con leche	šir-qahve	شیرقهوه
capuchino (m)	kāpočino	کاپوچینو
café (m) soluble	qahve-ye fowri	قهوه فوری
leche (f)	šir	شیر
cóctel (m)	kuktel	کوکتل
batido (m)	kuktele šir	کوکتل شیر
zumo (m), jugo (m)	āb-e mive	آب میوه
jugo (m) de tomate	āb-e gowjefarangi	آب گوجه فرنگی
zumo (m) de naranja	āb-e porteqāl	آب پرتقال
zumo (m) fresco	āb-e mive-ye taze	آب میوهٔ تازه
cerveza (f)	ābejow	آبجو
cerveza (f) rubia	ābejow-ye sabok	آبجوی سبک
cerveza (f) negra	ābejow-ye tire	آبجوی تیره
té (m)	čāy	چای
té (m) negro	čāy-e siyāh	چای سیاه
té (m) verde	čāy-e sabz	چای سبز

37. Las verduras

legumbres (f pl)	sabzijāt	سبزیجات
verduras (f pl)	sabzi	سبزی
tomate (m)	gowje farangi	گوجه فرنگی
pepino (m)	xiyār	خیار
zanahoria (f)	havij	هویج
patata (f)	sib zamini	سیب زمینی
cebolla (f)	piyāz	پیاز

ajo (m)	sir	سیر
col (f)	kalam	کلم
coliflor (f)	gol kalam	گل کلم
col (f) de Bruselas	koll-am boruksel	کلم بروکسل
brócoli (m)	kalam borokli	کلم بروکلی
remolacha (f)	čoqondar	چغندر
berenjena (f)	bādenjān	بادنجان
calabacín (m)	kadu sabz	کدو سبز
calabaza (f)	kadu tanbal	کدو تنبل
nabo (m)	šalqam	شلغم
perejil (m)	ja'fari	جعفری
eneldo (m)	šavid	شوید
lechuga (f)	kāhu	کاهو
apio (m)	karafs	کرفس
espárrago (m)	mārčube	مارچوبه
espinaca (f)	esfenāj	اسفناج
guisante (m)	noxod	نخود
habas (f pl)	lubiyā	لوبیا
maíz (m)	zorrat	ذرت
fréjol (m)	lubiyā qermez	لوبیا قرمز
pimiento (m) dulce	felfel	فلفل
rábano (m)	torobče	تربچه
alcachofa (f)	kangar farangi	کنگرفرنگی

38. Las frutas. Las nueces

fruto (m)	mive	میوه
manzana (f)	sib	سیب
pera (f)	golābi	گلابی
limón (m)	limu	لیمو
naranja (f)	porteqāl	پرتقال
fresa (f)	tut-e farangi	توت فرنگی
mandarina (f)	nārengi	نارنگی
ciruela (f)	ālu	آلو
melocotón (m)	holu	هلو
albaricoque (m)	zardālu	زردآلو
frambuesa (f)	tamešk	تمشک
piña (f)	ānānās	آناناس
banana (f)	mowz	موز
sandía (f)	hendevāne	هندوانه
uva (f)	angur	انگور
guinda (f)	ālbālu	آلبالو
cereza (f)	gilās	گیلاس
melón (m)	xarboze	خربزه
pomelo (m)	gerip forut	گریپ فوروت
aguacate (m)	āvokādo	اووکادو
papaya (f)	pāpāyā	پاپایا

mango (m)	anbe	انبه
granada (f)	anār	انار
grosella (f) roja	angur-e farangi-ye sorx	انگور فرنگی سرخ
grosella (f) negra	angur-e farangi-ye siyāh	انگور فرنگی سیاه
grosella (f) espinosa	angur-e farangi	انگور فرنگی
arándano (m)	zoqāl axte	زغال اخته
zarzamoras (f pl)	šāh tut	شاه توت
pasas (f pl)	kešmeš	کشمش
higo (m)	anjir	انجیر
dátil (m)	xormā	خرما
cacahuete (m)	bādām zamin-i	بادام زمینی
almendra (f)	bādām	بادام
nuez (f)	gerdu	گردو
avellana (f)	fandoq	فندق
nuez (f) de coco	nārgil	نارگیل
pistachos (m pl)	peste	پسته

39. El pan. Los dulces

pasteles (m pl)	širini jāt	شیرینی جات
pan (m)	nān	نان
galletas (f pl)	biskuit	بیسکویت
chocolate (m)	šokolāt	شکلات
de chocolate (adj)	šokolāti	شکلاتی
caramelo (m)	āb nabāt	آب نبات
tarta (f) (pequeña)	nān-e širini	نان شیرینی
tarta (f) (~ de cumpleaños)	širini	شیرینی
tarta (f) (~ de manzana)	keyk	کیک
relleno (m)	čāšni	چاشنی
confitura (f)	morabbā	مربا
mermelada (f)	mārmālād	مارمالاد
gofre (m)	vāfel	وافل
helado (m)	bastani	بستنی
pudin (m)	puding	پودینگ

40. Los platos

plato (m)	qazā	غذا
cocina (f)	qazā	غذا
receta (f)	dastur-e poxt	دستور پخت
porción (f)	pors	پرس
ensalada (f)	sālād	سالاد
sopa (f)	sup	سوپ
caldo (m)	pāye-ye sup	پایه سوپ
bocadillo (m)	sāndevič	ساندویچ

huevos (m pl) fritos	nimru	نیمرو
hamburguesa (f)	hamberger	همبرگر
bistec (m)	esteyk	استیک
guarnición (f)	moxallafāt	مخلفات
espagueti (m)	espāgeti	اسپاگتی
puré (m) de patatas	pure-ye sibi zamini	پورۀ سیب زمینی
pizza (f)	pitzā	پیتزا
gachas (f pl)	šurbā	شوربا
tortilla (f) francesa	ommol-at	املت
cocido en agua (adj)	āb paz	آب پز
ahumado (adj)	dudi	دودی
frito (adj)	sorx šode	سرخ شده
seco (adj)	xošk	خشک
congelado (adj)	yax zade	یخ زده
marinado (adj)	torši	ترشی
azucarado, dulce (adj)	širin	شیرین
salado (adj)	šur	شور
frío (adj)	sard	سرد
caliente (adj)	dāq	داغ
amargo (adj)	talx	تلخ
sabroso (adj)	xoš mazze	خوش مزه
cocer en agua	poxtan	پختن
preparar (la cena)	poxtan	پختن
freír (vt)	sorx kardan	سرخ کردن
calentar (vt)	garm kardan	گرم کردن
salar (vt)	namak zadan	نمک زدن
poner pimienta	felfel pāšidan	فلفل پاشیدن
rallar (vt)	rande kardan	رنده کردن
piel (f)	pust	پوست
pelar (vt)	pust kandan	پوست کندن

41. Las especias

sal (f)	namak	نمک
salado (adj)	šur	شور
salar (vt)	namak zadan	نمک زدن
pimienta (f) negra	felfel-e siyāh	فلفل سیاه
pimienta (f) roja	felfel-e sorx	فلفل سرخ
mostaza (f)	xardal	خردل
rábano (m) picante	torob-e kuhi	ترب کوهی
condimento (m)	adviye	ادویه
especia (f)	adviye	ادویه
salsa (f)	ses	سس
vinagre (m)	serke	سرکه
anís (m)	rāziyāne	رازیانه
albahaca (f)	reyhān	ریحان

clavo (m)	mixak	ميخک
jengibre (m)	zanjefil	زنجفيل
cilantro (m)	gešniz	گشنيز
canela (f)	dārčin	دارچين
sésamo (m)	konjed	کنجد
hoja (f) de laurel	barg-e bu	برگ بو
paprika (f)	paprika	پاپريکا
comino (m)	zire	زيره
azafrán (m)	za'ferān	زعفران

42. Las comidas

comida (f)	qazā	غذا
comer (vi, vt)	xordan	خوردن
desayuno (m)	sobhāne	صبحانه
desayunar (vi)	sobhāne xordan	صبحانه خوردن
almuerzo (m)	nāhār	ناهار
almorzar (vi)	nāhār xordan	ناهار خوردن
cena (f)	šām	شام
cenar (vi)	šām xordan	شام خوردن
apetito (m)	eštehā	اشتها
¡Que aproveche!	nuš-e jān	نوش جان
abrir (vt)	bāz kardan	باز کردن
derramar (líquido)	rixtan	ريختن
derramarse (líquido)	rixtan	ريختن
hervir (vi)	jušidan	جوشيدن
hervir (vt)	jušāndan	جوشاندن
hervido (agua ~a)	jušide	جوشيده
enfriar (vt)	sard kardan	سرد کردن
enfriarse (vr)	sard šodan	سرد شدن
sabor (m)	maze	مزه
regusto (m)	maze	مزه
adelgazar (vi)	lāqar kardan	لاغر کردن
dieta (f)	režim	رژيم
vitamina (f)	vitāmin	ويتامين
caloría (f)	kālori	کالری
vegetariano (m)	giyāh xār	گياه خوار
vegetariano (adj)	giyāh xāri	گياه خواری
grasas (f pl)	čarbi-hā	چربی ها
proteínas (f pl)	porotein	پروتئين
carbohidratos (m pl)	karbohidrāt-hā	کربو هيدرات ها
loncha (f)	qet'e	قطعه
pedazo (m)	tekke	تکه
miga (f)	zarre	ذره

43. Los cubiertos

cuchara (f)	qāšoq	قاشق
cuchillo (m)	kārd	کارد
tenedor (m)	čangāl	چنگال
taza (f)	fenjān	فنجان
plato (m)	bošqāb	بشقاب
platillo (m)	na'lbeki	نعلبکی
servilleta (f)	dastmāl	دستمال
mondadientes (m)	xelāl-e dandān	خلال دندان

44. El restaurante

restaurante (m)	resturān	رستوران
cafetería (f)	kāfe	کافه
bar (m)	bār	بار
salón (m) de té	qahve xāne	قهوه خانه
camarero (m)	pišxedmat	پیشخدمت
camarera (f)	pišxedmat	پیشخدمت
barman (m)	motesaddi-ye bār	متصدی بار
carta (f), menú (m)	meno	منو
carta (f) de vinos	kārt-e šarāb	کارت شراب
reservar una mesa	miz rezerv kardan	میز رزرو کردن
plato (m)	qazā	غذا
pedir (vt)	sefāreš dādan	سفارش دادن
hacer un pedido	sefāreš dādan	سفارش دادن
aperitivo (m)	mašrub-e piš qazā	مشروب پیش غذا
entremés (m)	piš qazā	پیش غذا
postre (m)	deser	دسر
cuenta (f)	surat hesāb	صورت حساب
pagar la cuenta	surat-e hesāb rā pardāxtan	صورت حساب را پرداختن
dar la vuelta	baqiye rā dādan	بقیه را دادن
propina (f)	an'ām	انعام

La familia nuclear, los parientes y los amigos

45. La información personal. Los formularios

nombre (m)	esm	اسم
apellido (m)	nām-e xānevādegi	نام خانوادگی
fecha (f) de nacimiento	tārix-e tavallod	تاریخ تولد
lugar (m) de nacimiento	mahall-e tavallod	محل تولد
nacionalidad (f)	melliyat	ملیت
domicilio (m)	mahall-e sokunat	محل سکونت
país (m)	kešvar	کشور
profesión (f)	šoql	شغل
sexo (m)	jens	جنس
estatura (f)	qad	قد
peso (m)	vazn	وزن

46. Los familiares. Los parientes

madre (f)	mādar	مادر
padre (m)	pedar	پدر
hijo (m)	pesar	پسر
hija (f)	doxtar	دختر
hija (f) menor	doxtar-e kučak	دختر کوچک
hijo (m) menor	pesar-e kučak	پسر کوچک
hija (f) mayor	doxtar-e bozorg	دختر بزرگ
hijo (m) mayor	pesar-e bozorg	پسر بزرگ
hermano (m)	barādar	برادر
hermano (m) mayor	barādar-e bozorg	برادر بزرگ
hermano (m) menor	barādar-e kučak	برادر کوچک
hermana (f)	xāhar	خواهر
hermana (f) mayor	xāhar-e bozorg	خواهر بزرگ
hermana (f) menor	xāhar-e kučak	خواهر کوچک
primo (m)	pesar 'amu	پسر عمو
prima (f)	doxtar amu	دختر عمو
mamá (f)	māmān	مامان
papá (m)	bābā	بابا
padres (pl)	vāledeyn	والدین
niño -a (m, f)	kudak	کودک
niños (pl)	bače-hā	بچه ها
abuela (f)	mādarbozorg	مادربزرگ
abuelo (m)	pedar-bozorg	پدربزرگ

nieto (m)	nave	نوه
nieta (f)	nave	نوه
nietos (pl)	nave-hā	نوه ها

tío (m)	amu	عمو
tía (f)	xāle yā amme	خاله یا عمه
sobrino (m)	barādar-zāde	برادرزاده
sobrina (f)	xāhar-zāde	خواهرزاده

suegra (f)	mādarzan	مادرزن
suegro (m)	pedar-šowhar	پدرشوهر
yerno (m)	dāmād	داماد
madrastra (f)	nāmādari	نامادری
padrastro (m)	nāpedari	ناپدری

niño (m) de pecho	nowzād	نوزاد
bebé (m)	širxār	شیرخوار
chico (m)	pesar-e kučulu	پسر کوچولو

mujer (f)	zan	زن
marido (m)	šowhar	شوهر
esposo (m)	hamsar	همسر
esposa (f)	hamsar	همسر

casado (adj)	mote'ahhel	متاهل
casada (adj)	mote'ahhel	متاهل
soltero (adj)	mojarrad	مجرد
soltero (m)	mojarrad	مجرد
divorciado (adj)	talāq gerefte	طلاق گرفته
viuda (f)	bive zan	بیوه زن
viudo (m)	bive	بیوه

pariente (m)	xišāvand	خویشاوند
pariente (m) cercano	aqvām-e nazdik	اقوام نزدیک
pariente (m) lejano	aqvām-e dur	اقوام دور
parientes (pl)	aqvām	اقوام

huérfano (m), huérfana (f)	yatim	یتیم
tutor (m)	qayyem	قیم
adoptar (un niño)	be pesari gereftan	به پسری گرفتن
adoptar (una niña)	be doxtari gereftan	به دختری گرفتن

La medicina

47. Las enfermedades

enfermedad (f)	bimāri	بیماری
estar enfermo	bimār budan	بیمار بودن
salud (f)	salāmati	سلامتی
resfriado (m) (coriza)	āb-e rizeš-e bini	آب ریزش بینی
angina (f)	varam-e lowze	ورم لوزه
resfriado (m)	sarmā xordegi	سرما خوردگی
resfriarse (vr)	sarmā xordan	سرما خوردن
bronquitis (f)	boronšit	برنشیت
pulmonía (f)	zātorrie	ذات الریه
gripe (f)	ānfolānzā	آنفولانزا
miope (adj)	nazdik bin	نزدیک بین
présbita (adj)	durbin	دوربین
estrabismo (m)	enherāf-e čašm	انحراف چشم
estrábico (m) (adj)	luč	لوچ
catarata (f)	āb morvārid	آب مروارید
glaucoma (m)	ab-e siyāh	آب سیاه
insulto (m)	sekte-ye maqzi	سکته مغزی
ataque (m) cardiaco	sekte-ye qalbi	سکته قلبی
infarto (m) de miocardio	ānfārktus	آنفارکتوس
parálisis (f)	falaji	فلجی
paralizar (vt)	falj kardan	فلج کردن
alergia (f)	ālerži	آلرژی
asma (f)	āsm	آسم
diabetes (f)	diyābet	دیابت
dolor (m) de muelas	dandān-e dard	دندان درد
caries (f)	pusidegi	پوسیدگی
diarrea (f)	eshāl	اسهال
estreñimiento (m)	yobusat	یبوست
molestia (f) estomacal	nārāhati-ye me'de	ناراحتی معده
envenenamiento (m)	masmumiyat	مسمومیت
envenenarse (vr)	masmum šodan	مسموم شدن
artritis (f)	varam-e mafāsel	ورم مفاصل
raquitismo (m)	rāšitism	راشیتیسم
reumatismo (m)	romātism	روماتیسم
ateroesclerosis (f)	tasallob-e šarāin	تصلب شرائین
gastritis (f)	varam-e me'de	ورم معده
apendicitis (f)	āpāndisit	آپاندیسیت

colecistitis (f)	eltehāb-e kise-ye safrā	التهاب کیسه صفرا
úlcera (f)	zaxm	زخم
sarampión (m)	sorxak	سرخک
rubeola (f)	sorxje	سرخجه
ictericia (f)	yaraqān	یرقان
hepatitis (f)	hepātit	هپاتیت
esquizofrenia (f)	šizoferni	شیزوفرنی
rabia (f) (hidrofobia)	hāri	هاری
neurosis (f)	extelāl-e a'sāb	اختلال اعصاب
conmoción (f) cerebral	zarbe-ye maqzi	ضربه مغزی
cáncer (m)	saratān	سرطان
esclerosis (f)	eskeleroz	اسکلروز
esclerosis (m) múltiple	eskeleroz čandgāne	اسکلروز چندگانه
alcoholismo (m)	alkolism	الکلیسم
alcohólico (m)	alkoli	الکلی
sífilis (f)	siflis	سیفلیس
SIDA (m)	eydz	ایدز
tumor (m)	tumor	تومور
maligno (adj)	bad xim	بد خیم
benigno (adj)	xoš xim	خوش خیم
fiebre (f)	tab	تب
malaria (f)	mālāriyā	مالاریا
gangrena (f)	qānqāriyā	قانقاریا
mareo (m)	daryā-zadegi	دریازدگی
epilepsia (f)	sar'	صرع
epidemia (f)	epidemi	اپیدمی
tifus (m)	hasbe	حصبه
tuberculosis (f)	sel	سل
cólera (f)	vabā	وبا
peste (f)	tā'un	طاعون

48. Los síntomas. Los tratamientos. Unidad 1

síntoma (m)	alāem-e bimāri	علائم بیماری
temperatura (f)	damā	دما
fiebre (f)	tab	تب
pulso (m)	nabz	نبض
mareo (m) (vértigo)	sargije	سرگیجه
caliente (adj)	dāq	داغ
escalofrío (m)	ra'še	رعشه
pálido (adj)	rang paride	رنگ پریده
tos (f)	sorfe	سرفه
toser (vi)	sorfe kardan	سرفه کردن
estornudar (vi)	atse kardan	عطسه کردن
desmayo (m)	qaš	غش

desmayarse (vr)	qaš kardan	غش کردن
moradura (f)	kabudi	کبودی
chichón (m)	barāmadegi	برآمدگی
golpearse (vr)	barxord kardan	برخورد کردن
magulladura (f)	kuftegi	کوفتگی
magullarse (vr)	zarb didan	ضرب دیدن
cojear (vi)	langidan	لنگیدن
dislocación (f)	dar raftegi	دررفتگی
dislocar (vt)	dar raftan	دررفتن
fractura (f)	šekastegi	شکستگی
tener una fractura	dočār-e šekastegi šodan	دچار شکستگی شدن
corte (m) (tajo)	boridegi	بریدگی
cortarse (vr)	boridan	بریدن
hemorragia (f)	xunrizi	خونریزی
quemadura (f)	suxtegi	سوختگی
quemarse (vr)	dočār-e suxtegi šodan	دچار سوختگی شدن
pincharse (~ el dedo)	surāx kardan	سوراخ کردن
pincharse (vr)	surāx kardan	سوراخ کردن
herir (vt)	āsib resāndan	آسیب رساندن
herida (f)	zaxm	زخم
lesión (f) (herida)	zaxm	زخم
trauma (m)	zarbe	ضربه
delirar (vi)	hazyān goftan	هذیان گفتن
tartamudear (vi)	loknat dāštan	لکنت داشتن
insolación (f)	āftāb-zadegi	آفتابزدگی

49. Los síntomas. Los tratamientos. Unidad 2

dolor (m)	dard	درد
astilla (f)	xār	خار
sudor (m)	araq	عرق
sudar (vi)	araq kardan	عرق کردن
vómito (m)	estefrāq	استفراغ
convulsiones (f pl)	tašannoj	تشنج
embarazada (adj)	bārdār	باردار
nacer (vi)	motevalled šodan	متولد شدن
parto (m)	vaz'-e haml	وضع حمل
dar a luz	be donyā āvardan	به دنیا آوردن
aborto (m)	seqt-e janin	سقط جنین
respiración (f)	tanaffos	تنفس
inspiración (f)	estenšāq	استنشاق
espiración (f)	bāzdam	بازدم
espirar (vi)	bāzdamidan	بازدمیدن
inspirar (vi)	nafas kešidan	نفس کشیدن
inválido (m)	ma'lul	معلول
mutilado (m)	falaj	فلج

drogadicto (m)	mo'tād	معتاد
sordo (adj)	kar	کر
mudo (adj)	lāl	لال
sordomudo (adj)	kar-o lāl	کر و لال
loco (adj)	divāne	دیوانه
loco (m)	divāne	دیوانه
loca (f)	divāne	دیوانه
volverse loco	divāne šodan	دیوانه شدن
gen (m)	žen	ژن
inmunidad (f)	masuniyat	مصونیت
hereditario (adj)	mowrusi	موروثی
de nacimiento (adj)	mādarzād	مادرزاد
virus (m)	virus	ویروس
microbio (m)	mikrob	میکروب
bacteria (f)	bākteri	باکتری
infección (f)	ofunat	عفونت

50. Los síntomas. Los tratamientos. Unidad 3

hospital (m)	bimārestān	بیمارستان
paciente (m)	bimār	بیمار
diagnosis (f)	tašxis	تشخیص
cura (f)	mo'āleje	معالجه
tratamiento (m)	darmān	درمان
curarse (vr)	darmān šodan	درمان شدن
tratar (vt)	mo'āleje kardan	معالجه کردن
cuidar (a un enfermo)	parastāri kardan	پرستاری کردن
cuidados (m pl)	parastāri	پرستاری
operación (f)	amal-e jarrāhi	عمل جراحی
vendar (vt)	pānsemān kardan	پانسمان کردن
vendaje (m)	pānsemān	پانسمان
vacunación (f)	vāksināsyon	واکسیناسیون
vacunar (vt)	vāksine kardan	واکسینه کردن
inyección (f)	tazriq	تزریق
aplicar una inyección	tazriq kardan	تزریق کردن
ataque (m)	hamle	حمله
amputación (f)	qat'-e ozv	قطع عضو
amputar (vt)	qat' kardan	قطع کردن
coma (m)	komā	کما
estar en coma	dar komā budan	در کما بودن
revitalización (f)	morāqebat-e viže	مراقبت ویژه
recuperarse (vr)	behbud yāftan	بهبود یافتن
estado (m) (de salud)	hālat	حالت
consciencia (f)	huš	هوش
memoria (f)	hāfeze	حافظه
extraer (un diente)	dandān kešidan	دندان کشیدن

empaste (m)	por kardan	پر کردن
empastar (vt)	por kardan	پر کردن
hipnosis (f)	hipnotizm	هیپنوتیزم
hipnotizar (vt)	hipnotizm kardan	هیپنوتیزم کردن

51. Los médicos

médico (m)	pezešk	پزشک
enfermera (f)	parastār	پرستار
médico (m) personal	pezešk-e šaxsi	پزشک شخصی
dentista (m)	dandān pezešk	دندان پزشک
oftalmólogo (m)	češm-pezešk	چشم پزشک
internista (m)	pezešk omumi	پزشک عمومی
cirujano (m)	jarrāh	جراح
psiquiatra (m)	ravānpezešk	روانپزشک
pediatra (m)	pezešk-e kudakān	پزشک کودکان
psicólogo (m)	ravānšenās	روانشناس
ginecólogo (m)	motexasses-e zanān	متخصص زنان
cardiólogo (m)	motexasses-e qalb	متخصص قلب

52. La medicina. Las drogas. Los accesorios

medicamento (m), droga (f)	dāru	دارو
remedio (m)	darmān	درمان
prescribir (vt)	tajviz kardan	تجویز کردن
receta (f)	nosxe	نسخه
tableta (f)	qors	قرص
ungüento (m)	pomād	پماد
ampolla (f)	āmpul	آمپول
mixtura (f), mezcla (f)	šarbat	شربت
sirope (m)	šarbat	شربت
píldora (f)	kapsul	کپسول
polvo (m)	pudr	پودر
venda (f)	bānd	باند
algodón (m) (discos de ~)	panbe	پنبه
yodo (m)	yod	ید
tirita (f), curita (f)	časb-e zaxm	چسب زخم
pipeta (f)	qatre čekān	قطره چکان
termómetro (m)	damāsanj	دماسنج
jeringa (f)	sorang	سرنگ
silla (f) de ruedas	vilčer	ویلچر
muletas (f pl)	čub zir baqal	چوب زیر بغل
anestésico (m)	mosaken	مسکن
purgante (m)	moshel	مسهل

alcohol (m)	alkol	الکل
hierba (f) medicinal	giyāhān-e dāruyi	گیاهان دارویی
de hierbas (té ~)	giyāhi	گیاهی

EL AMBIENTE HUMANO

La ciudad

53. La ciudad. La vida en la ciudad

ciudad (f)	šahr	شهر
capital (f)	pāytaxt	پایتخت
aldea (f)	rustā	روستا
plano (m) de la ciudad	naqše-ye šahr	نقشهٔ شهر
centro (m) de la ciudad	markaz-e šahr	مرکز شهر
suburbio (m)	hume-ye šahr	حومهٔ شهر
suburbano (adj)	hume-ye šahr	حومهٔ شهر
arrabal (m)	hume	حومه
afueras (f pl)	hume	حومه
barrio (m)	mahalle	محله
zona (f) de viviendas	mahalle-ye maskuni	محلهٔ مسکونی
tráfico (m)	obur-o morur	عبور و مرور
semáforo (m)	čerāq-e rāhnamā	چراغ راهنما
transporte (m) urbano	haml-o naql-e šahri	حمل و نقل شهری
cruce (m)	čahārrāh	چهارراه
paso (m) de peatones	xatt-e āber-e piyāde	خط عابرپیاده
paso (m) subterráneo	zir-e gozar	زیر گذر
cruzar (vt)	obur kardan	عبور کردن
peatón (m)	piyāde	پیاده
acera (f)	piyāde row	پیاده رو
puente (m)	pol	پل
muelle (m)	xiyābān-e sāheli	خیابان ساحلی
fuente (f)	češme	چشمه
alameda (f)	bāq rāh	باغ راه
parque (m)	pārk	پارک
bulevar (m)	bolvār	بولوار
plaza (f)	meydān	میدان
avenida (f)	xiyābān	خیابان
calle (f)	xiyābān	خیابان
callejón (m)	kuče	کوچه
callejón (m) sin salida	bon bast	بن بست
casa (f)	xāne	خانه
edificio (m)	sāxtemān	ساختمان
rascacielos (m)	āsemānxarāš	آسمانخراش
fachada (f)	namā	نما
techo (m)	bām	بام

ventana (f)	panjere	پنجره
arco (m)	tāq-e qowsi	طاق قوسی
columna (f)	sotun	ستون
esquina (f)	nabš	نبش
escaparate (f)	vitrin	ویترین
letrero (m) (~ luminoso)	tāblo	تابلو
cartel (m)	poster	پوستر
cartel (m) publicitario	poster-e tabliqāti	پوستر تبلیغاتی
valla (f) publicitaria	bilbord	بیلبورد
basura (f)	āšqāl	آشغال
cajón (m) de basura	satl-e āšqāl	سطل آشغال
tirar basura	kasif kardan	کثیف کردن
basurero (m)	jā-ye dafn-e āšqāl	جای دفن آشغال
cabina (f) telefónica	kābin-e telefon	کابین تلفن
farola (f)	tir-e barq	تیر برق
banco (m) (del parque)	nimkat	نیمکت
policía (m)	polis	پلیس
policía (f) (~ nacional)	polis	پلیس
mendigo (m)	gedā	گدا
persona (f) sin hogar	bi xānomān	بی خانمان

54. Las instituciones urbanas

tienda (f)	maqāze	مغازه
farmacia (f)	dāruxāne	داروخانه
óptica (f)	eynak foruši	عینک فروشی
centro (m) comercial	markaz-e tejāri	مرکز تجاری
supermercado (m)	supermārket	سوپرمارکت
panadería (f)	nānvāyi	نانوایی
panadero (m)	nānvā	نانوا
pastelería (f)	qannādi	قنادی
tienda (f) de comestibles	baqqāli	بقالی
carnicería (f)	gušt foruši	گوشت فروشی
verdulería (f)	sabzi foruši	سبزی فروشی
mercado (m)	bāzār	بازار
cafetería (f)	kāfe	کافه
restaurante (m)	resturān	رستوران
cervecería (f)	bār	بار
pizzería (f)	pitzā-foruši	پیتزا فروشی
peluquería (f)	ārāyešgāh	آرایشگاه
oficina (f) de correos	post	پست
tintorería (f)	xošk-šuyi	خشکشویی
estudio (m) fotográfico	ātolye-ye akkāsi	آتلیۀ عکاسی
zapatería (f)	kafš foruši	کفش فروشی
librería (f)	ketāb-foruši	کتاب فروشی

tienda (f) deportiva	maqāze-ye varzeši	مغازهٔ ورزشی
arreglos (m pl) de ropa	ta'mir-e lebās	تعمیر لباس
alquiler (m) de ropa	kerāye-ye lebās	کرایهٔ لباس
videoclub (m)	kerāye-ye film	کرایهٔ فیلم
circo (m)	sirak	سیرک
zoológico (m)	bāq-e vahš	باغ وحش
cine (m)	sinamā	سینما
museo (m)	muze	موزه
biblioteca (f)	ketābxāne	کتابخانه
teatro (m)	teātr	تئاتر
ópera (f)	operā	اپرا
club (m) nocturno	kābāre	کاباره
casino (m)	kāzino	کازینو
mezquita (f)	masjed	مسجد
sinagoga (f)	kenešt	کنشت
catedral (f)	kelisā-ye jāme'	کلیسای جامع
templo (m)	ma'bad	معبد
iglesia (f)	kelisā	کلیسا
instituto (m)	anistito	انستیتو
universidad (f)	dānešgāh	دانشگاه
escuela (f)	madrese	مدرسه
prefectura (f)	ostāndāri	استانداری
alcaldía (f)	šahrdāri	شهرداری
hotel (m)	hotel	هتل
banco (m)	bānk	بانک
embajada (f)	sefārat	سفارت
agencia (f) de viajes	āžāns-e jahāngardi	آژانس جهانگردی
oficina (f) de información	daftar-e ettelāāt	دفتر اطلاعات
oficina (f) de cambio	sarrāfi	صرافی
metro (m)	metro	مترو
hospital (m)	bimārestān	بیمارستان
gasolinera (f)	pomp-e benzin	پمپ بنزین
aparcamiento (m)	pārking	پارکینگ

55. Los avisos

letrero (m) (~ luminoso)	tāblo	تابلو
cartel (m) (texto escrito)	nevešte	نوشته
pancarta (f)	poster	پوستر
señal (m) de dirección	rāhnamā	راهنما
flecha (f) (signo)	alāmat	علامت
advertencia (f)	ehtiyāt	احتیاط
aviso (m)	alāmat-e hošdār	علامت هشدار
advertir (vt)	hošdār dādan	هشدار دادن
día (m) de descanso	ruz-e ta'til	روز تعطیل

horario (m)	jadval	جدول
horario (m) de apertura	sāʿathā-ye kāri	ساعت های کاری
¡BIENVENIDOS!	xoš āmadid	خوش آمدید
ENTRADA	vorud	ورود
SALIDA	xoruj	خروج
EMPUJAR	hel dādan	هل دادن
TIRAR	bekešid	بکشید
ABIERTO	bāz	باز
CERRADO	baste	بسته
MUJERES	zanāne	زنانه
HOMBRES	mardāne	مردانه
REBAJAS	taxfif	تخفیف
SALDOS	harāj	حراج
NOVEDAD	jadid	جدید
GRATIS	majjāni	مجانی
¡ATENCIÓN!	tavajjoh	توجه
COMPLETO	otāq-e xāli nadārim	اتاق خالی نداریم
RESERVADO	rezerv šode	رزرو شده
ADMINISTRACIÓN	edāre	اداره
SÓLO PERSONAL AUTORIZADO	xāse personel	خاص پرسنل
CUIDADO CON EL PERRO	movāzeb-e sag bāšid	مواظب سگ باشید
PROHIBIDO FUMAR	sigār kešidan mamnuʾ	سیگار کشیدن ممنوع
NO TOCAR	dast nazanid	دست نزنید
PELIGROSO	xatarnāk	خطرناک
PELIGRO	xatar	خطر
ALTA TENSIÓN	voltāj bālā	ولتاژ بالا
PROHIBIDO BAÑARSE	šenā mamnuʿ	شنا ممنوع
NO FUNCIONA	xārāb	خراب
INFLAMABLE	qābel-e ehterāq	قابل احتراق
PROHIBIDO	mamnuʿ	ممنوع
PROHIBIDO EL PASO	obur mamnuʿ	عبور ممنوع
RECIÉN PINTADO	rang-e xis	رنگ خیس

56. El transporte urbano

autobús (m)	otobus	اتوبوس
tranvía (m)	terāmvā	تراموا
trolebús (m)	otobus-e barqi	اتوبوس برقی
itinerario (m)	xat	خط
número (m)	šomāre	شماره
ir en …	raftan bā	رفتن با
tomar (~ el autobús)	savār šodan	سوار شدن
bajar (~ del tren)	piyāde šodan	پیاده شدن

parada (f)	istgāh-e otobus	ایستگاه اتوبوس
próxima parada (f)	istgāh-e baʻdi	ایستگاه بعدی
parada (f) final	istgāh-e āxar	ایستگاه آخر
horario (m)	barnāme	برنامه
esperar (aguardar)	montazer budan	منتظر بودن
billete (m)	belit	بلیط
precio (m) del billete	qeymat-e belit	قیمت بلیط
cajero (m)	sanduqdār	صندوقدار
control (m) de billetes	kontorol-e belit	کنترل بلیط
revisor (m)	kontorol či	کنترل چی
llegar tarde (vi)	taʼxir dāštan	تأخیرداشتن
perder (~ el tren)	az dast dādan	از دست دادن
tener prisa	ajale kardan	عجله کردن
taxi (m)	tāksi	تاکسی
taxista (m)	rānande-ye tāksi	راننده تاکسی
en taxi	bā tāksi	با تاکسی
parada (f) de taxi	istgāh-e tāksi	ایستگاه تاکسی
llamar un taxi	tāksi gereftan	تاکسی گرفتن
tomar un taxi	tāksi gereftan	تاکسی گرفتن
tráfico (m)	obur-o morur	عبور و مرور
atasco (m)	terāfik	ترافیک
horas (f pl) de punta	sāʻat-e šoluqi	ساعت شلوغی
aparcar (vi)	pārk kardan	پارک کردن
aparcar (vt)	pārk kardan	پارک کردن
aparcamiento (m)	pārking	پارکینگ
metro (m)	metro	مترو
estación (f)	istgāh	ایستگاه
ir en el metro	bā metro raftan	با مترو رفتن
tren (m)	qatār	قطار
estación (f)	istgāh-e rāh-e āhan	ایستگاه راه آهن

57. El turismo. La excursión

monumento (m)	mojassame	مجسمه
fortaleza (f)	qalʻe	قلعه
palacio (m)	kāx	کاخ
castillo (m)	qalʻe	قلعه
torre (f)	borj	برج
mausoleo (m)	ārāmgāh	آرامگاه
arquitectura (f)	meʻmāri	معماری
medieval (adj)	qorun-e vasati	قرون وسطی
antiguo (adj)	qadimi	قدیمی
nacional (adj)	melli	ملی
conocido (adj)	mašhur	مشهور
turista (m)	turist	توریست
guía (m) (persona)	rāhnamā-ye tur	راهنمای تور

excursión (f)	gardeš	گردش
mostrar (vt)	nešān dādan	نشان دادن
contar (una historia)	hekāyat kardan	حکایت کردن
encontrar (hallar)	peydā kardan	پیدا کردن
perderse (vr)	gom šodan	گم شدن
plano (m) (~ de metro)	naqše	نقشه
mapa (m) (~ de la ciudad)	naqše	نقشه
recuerdo (m)	sowqāti	سوغاتی
tienda (f) de regalos	forušgāh-e sowqāti	فروشگاه سوغاتی
hacer fotos	aks gereftan	عکس گرفتن
fotografiarse (vr)	aks gereftan	عکس گرفتن

58. Las compras

comprar (vt)	xarid kardan	خرید کردن
compra (f)	xarid	خرید
hacer compras	xarid kardan	خرید کردن
compras (f pl)	xarid	خرید
estar abierto (tienda)	bāz budan	باز بودن
estar cerrado	baste budan	بسته بودن
calzado (m)	kafš	کفش
ropa (f)	lebās	لباس
cosméticos (m pl)	lavāzem-e ārāyeši	لوازم آرایشی
productos alimenticios	mavādd-e qazāyi	مواد غذایی
regalo (m)	hedye	هدیه
vendedor (m)	forušande	فروشنده
vendedora (f)	forušande-ye zan	فروشنده زن
caja (f)	sanduq	صندوق
espejo (m)	āyene	آینه
mostrador (m)	pišxān	پیشخوان
probador (m)	otāq porov	اتاق پرو
probar (un vestido)	emtehān kardan	امتحان کردن
quedar (una ropa, etc.)	monāseb budan	مناسب بودن
gustar (vi)	dust dāštan	دوست داشتن
precio (m)	qeymat	قیمت
etiqueta (f) de precio	barčasb-e qeymat	برچسب قیمت
costar (vt)	qeymat dāštan	قیمت داشتن
¿Cuánto?	čeqadr?	چقدر؟
descuento (m)	taxfif	تخفیف
no costoso (adj)	arzān	ارزان
barato (adj)	arzān	ارزان
caro (adj)	gerān	گران
Es caro	gerān ast	گران است
alquiler (m)	kerāye	کرایه
alquilar (vt)	kerāye kardan	کرایه کردن

| crédito (m) | vām | وام |
| a crédito (adv) | xarid-e e'tebāri | خرید اعتباری |

59. El dinero

dinero (m)	pul	پول
cambio (m)	tabdil-e arz	تبدیل ارز
curso (m)	nerx-e arz	نرخ ارز
cajero (m) automático	xodpardāz	خودپرداز
moneda (f)	sekke	سکه

| dólar (m) | dolār | دلار |
| euro (m) | yuro | یورو |

lira (f)	lire	لیره
marco (m) alemán	mārk	مارک
franco (m)	farānak	فرانک
libra esterlina (f)	pond-e esterling	پوند استرلینگ
yen (m)	yen	ین

deuda (f)	qarz	قرض
deudor (m)	bedehkār	بدهکار
prestar (vt)	qarz dādan	قرض دادن
tomar prestado	qarz gereftan	قرض گرفتن

banco (m)	bānk	بانک
cuenta (f)	hesāb-e bānki	حساب بانکی
ingresar (~ en la cuenta)	rixtan	ریختن
ingresar en la cuenta	be hesāb rixtan	به حساب ریختن
sacar de la cuenta	az hesāb bardāštan	از حساب برداشتن

tarjeta (f) de crédito	kārt-e e'tebāri	کارت اعتباری
dinero (m) en efectivo	pul-e naqd	پول نقد
cheque (m)	ček	چک
sacar un cheque	ček neveštan	چک نوشتن
talonario (m)	daste-ye ček	دسته چک

cartera (f)	kif-e pul	کیف پول
monedero (m)	kif-e pul	کیف پول
caja (f) fuerte	gāvsanduq	گاوصندوق

heredero (m)	vāres	وارث
herencia (f)	mirās	میراث
fortuna (f)	dārāyi	دارایی

arriendo (m)	ejāre	اجاره
alquiler (m) (dinero)	kerāye-ye xāne	کرایه خانه
alquilar (~ una casa)	ejāre kardan	اجاره کردن

precio (m)	qeymat	قیمت
coste (m)	arzeš	ارزش
suma (f)	jam'-e kol	جمع کل
gastar (vt)	xarj kardan	خرج کردن
gastos (m pl)	maxārej	مخارج

economizar (vi, vt)	sarfeju-yi kardan	صرفه جویی کردن
económico (adj)	maqrun besarfe	مقرون به صرفه
pagar (vi, vt)	pardāxtan	پرداختن
pago (m)	pardāxt	پرداخت
cambio (m) (devolver el ~)	pul-e xerad	پول خرد
impuesto (m)	māliyāt	مالیات
multa (f)	jarime	جریمه
multar (vt)	jarime kardan	جریمه کردن

60. La oficina de correos

oficina (f) de correos	post	پست
correo (m) (cartas, etc.)	post	پست
cartero (m)	nāme resān	نامه رسان
horario (m) de apertura	sā'athā-ye kāri	ساعت های کاری
carta (f)	nāme	نامه
carta (f) certificada	nāme-ye sefāreši	نامه سفارشی
tarjeta (f) postal	kārt-e postāl	کارت پستال
telegrama (m)	telegrām	تلگرام
paquete (m) postal	baste posti	بسته پستی
giro (m) postal	havāle	حواله
recibir (vt)	gereftan	گرفتن
enviar (vt)	ferestādan	فرستادن
envío (m)	ersāl	ارسال
dirección (f)	nešāni	نشانی
código (m) postal	kod-e posti	کد پستی
expedidor (m)	ferestande	فرستنده
destinatario (m)	girande	گیرنده
nombre (m)	esm	اسم
apellido (m)	nām-e xānevādegi	نام خانوادگی
tarifa (f)	ta'refe	تعرفه
ordinario (adj)	ādi	عادی
económico (adj)	ādi	عادی
peso (m)	vazn	وزن
pesar (~ una carta)	vazn kardan	وزن کردن
sobre (m)	pākat	پاکت
sello (m)	tambr	تمبر
poner un sello	tamr zadan	تمبر زدن

La vivienda. La casa. El hogar

61. La casa. La electricidad

electricidad (f)	barq	برق
bombilla (f)	lāmp	لامپ
interruptor (m)	kelid	کلید
fusible (m)	fiyuz	فیوز
cable, hilo (m)	sim	سیم
instalación (f) eléctrica	sim keši	سیم کشی
contador (m) de luz	kontor	کنتور
lectura (f) (~ del contador)	dastgāh-e xaneš	دستگاه خوانش

62. La villa. La mansión

casa (f) de campo	xāne-ye xārej-e šahr	خانهٔ خارج شهر
villa (f)	vilā	ویلا
ala (f)	bāl	بال
jardín (m)	bāq	باغ
parque (m)	pārk	پارک
invernadero (m) tropical	golxāne	گلخانه
cuidar (~ el jardín, etc.)	negahdāri kardan	نگهداری کردن
piscina (f)	estaxr	استخر
gimnasio (m)	sālon-e varzeš	سالن ورزش
cancha (f) de tenis	zamin-e tenis	زمین تنیس
sala (f) de cine	sinamā	سینما
garaje (m)	gārāž	گاراژ
propiedad (f) privada	melk-e xosusi	ملک خصوصی
terreno (m) privado	melk-e xosusi	ملک خصوصی
advertencia (f)	hošdār	هشدار
letrero (m) de aviso	alāmat-e hošdār	علامت هشدار
seguridad (f)	hefāzat	حفاظت
guardia (m) de seguridad	negahbān	نگهبان
alarma (f) antirrobo	dozdgir	دزدگیر

63. El apartamento

apartamento (m)	āpārtemān	آپارتمان
habitación (f)	otāq	اتاق
dormitorio (m)	otāq-e xāb	اتاق خواب

comedor (m)	otāq-e qazāxori	اتاق غذاخوری
salón (m)	mehmānxāne	مهمانخانه
despacho (m)	daftar	دفتر
antecámara (f)	tālār-e vorudi	تالار ورودی
cuarto (m) de baño	hammām	حمام
servicio (m)	tuālet	توالت
techo (m)	saqf	سقف
suelo (m)	kaf	کف
rincón (m)	guše	گوشه

64. Los muebles. El interior

muebles (m pl)	mobl	مبل
mesa (f)	miz	میز
silla (f)	sandali	صندلی
cama (f)	taxt-e xāb	تخت خواب
sofá (m)	kānāpe	کاناپه
sillón (m)	mobl-e rāhati	مبل راحتی
librería (f)	qafase-ye ketāb	قفسه کتاب
estante (m)	qafase	قفسه
armario (m)	komod	کمد
percha (f)	raxt āviz	رخت آویز
perchero (m) de pie	čub lebāsi	چوب لباسی
cómoda (f)	komod	کمد
mesa (f) de café	miz-e pišdasti	میز پیشدستی
espejo (m)	āyene	آینه
tapiz (m)	farš	فرش
alfombra (f)	qāliče	قالیچه
chimenea (f)	šumine	شومینه
vela (f)	šam'	شمع
candelero (m)	šam'dān	شمعدان
cortinas (f pl)	parde	پرده
empapelado (m)	kāqaz-e divāri	کاغذ دیواری
estor (m) de láminas	kerkere	کرکره
lámpara (f) de mesa	čerāq-e rumizi	چراغ رومیزی
aplique (m)	čerāq-e divāri	چراغ دیواری
lámpara (f) de pie	ābāžur	آباژور
lámpara (f) de araña	luster	لوستر
pata (f) (~ de la mesa)	pāye	پایه
brazo (m)	daste-ye sandali	دستۀ صندلی
espaldar (m)	pošti	پشتی
cajón (m)	kešow	کشو

65. Los accesorios de cama

ropa (f) de cama	raxt-e xāb	رخت خواب
almohada (f)	bālešt	بالشت
funda (f)	rubalešt	روبالشت
manta (f)	patu	پتو
sábana (f)	malāfe	ملافه
sobrecama (f)	rutaxti	روتختی

66. La cocina

cocina (f)	āšpazxāne	آشپزخانه
gas (m)	gāz	گاز
cocina (f) de gas	ojāgh-e gāz	اجاق گاز
cocina (f) eléctrica	ojāgh-e barghi	اجاق برقی
horno (m)	fer	فر
horno (m) microondas	māykrofer	مایکروفر
frigorífico (m)	yaxčāl	یخچال
congelador (m)	fereyzer	فریزر
lavavajillas (m)	māšin-e zarfšuyi	ماشین ظرفشویی
picadora (f) de carne	čarx-e gušt	چرخ گوشت
exprimidor (m)	ābmive giri	آبمیوه گیری
tostador (m)	towster	توستر
batidora (f)	maxlut kon	مخلوط کن
cafetera (f) (aparato de cocina)	qahve sāz	قهوه ساز
cafetera (f) (para servir)	qahve juš	قهوه جوش
molinillo (m) de café	āsiyāb-e qahve	آسیاب قهوه
hervidor (m) de agua	ketri	کتری
tetera (f)	quri	قوری
tapa (f)	sarpuš	سرپوش
colador (m) de té	čāy sāf kon	چای صاف کن
cuchara (f)	qāšoq	قاشق
cucharilla (f)	qāšoq čāy xori	قاشق چای خوری
cuchara (f) de sopa	qāšoq sup xori	قاشق سوپ خوری
tenedor (m)	čangāl	چنگال
cuchillo (m)	kārd	کارد
vajilla (f)	zoruf	ظروف
plato (m)	bošqāb	بشقاب
platillo (m)	na'lbeki	نعلبکی
vaso (m) de chupito	gilās-e vodkā	گیلاس ودکا
vaso (m) (~ de agua)	estekān	استکان
taza (f)	fenjān	فنجان
azucarera (f)	qandān	قندان
salero (m)	namakdān	نمکدان

pimentero (m)	felfeldān	فلفلدان
mantequera (f)	zarf-e kare	ظرف کره
cacerola (f)	qāblame	قابلمه
sartén (f)	tābe	تابه
cucharón (m)	malāqe	ملاقه
colador (m)	ābkeš	آبکش
bandeja (f)	sini	سینی
botella (f)	botri	بطری
tarro (m) de vidrio	šiše	شیشه
lata (f)	quti	قوطی
abrebotellas (m)	dar bāz kon	در بازکن
abrelatas (m)	dar bāz kon	در بازکن
sacacorchos (m)	dar bāz kon	در بازکن
filtro (m)	filter	فیلتر
filtrar (vt)	filter kardan	فیلتر کردن
basura (f)	āšqāl	آشغال
cubo (m) de basura	satl-e zobāle	سطل زباله

67. El baño

cuarto (m) de baño	hammām	حمام
agua (f)	āb	آب
grifo (m)	šir	شیر
agua (f) caliente	āb-e dāq	آب داغ
agua (f) fría	āb-e sard	آب سرد
pasta (f) de dientes	xamir-e dandān	خمیر دندان
limpiarse los dientes	mesvāk zadan	مسواک زدن
cepillo (m) de dientes	mesvāk	مسواک
afeitarse (vr)	riš tarāšidan	ریش تراشیدن
espuma (f) de afeitar	xamir-e eslāh	خمیر اصلاح
maquinilla (f) de afeitar	tiq	تیغ
lavar (vt)	šostan	شستن
darse un baño	hamām kardan	حمام کردن
ducha (f)	duš	دوش
darse una ducha	duš gereftan	دوش گرفتن
bañera (f)	vān hammām	وان حمام
inodoro (m)	tuālet-e farangi	توالت فرنگی
lavabo (m)	sink	سینک
jabón (m)	sābun	صابون
jabonera (f)	jā sābun	جا صابون
esponja (f)	abr	ابر
champú (m)	šāmpu	شامپو
toalla (f)	howle	حوله
bata (f) de baño	howle-ye hamām	حوله حمام

63

colada (f), lavado (m)	raxčuyi	لباسشویی
lavadora (f)	mãšin-e lebas-šui	ماشین لباسشویی
lavar la ropa	šostan-e lebās	شستن لباس
detergente (m) en polvo	pudr-e lebas-šui	پودر لباسشویی

68. Los aparatos domésticos

televisor (m)	televiziyon	تلویزیون
magnetófono (m)	zabt-e sowt	ضبط صوت
vídeo (m)	video	ویدئو
radio (m)	rādiyo	رادیو
reproductor (m) (~ MP3)	paxš konande	پخش کننده
proyector (m) de vídeo	video porožektor	ویدئو پروژکتور
sistema (m) home cinema	sinamā-ye xānegi	سینمای خانگی
reproductor (m) de DVD	paxš konande-ye di vi di	پخش کننده دی وی دی
amplificador (m)	āmpli-fāyer	آمپلی فایر
videoconsola (f)	konsul-e bāzi	کنسول بازی
cámara (f) de vídeo	durbin-e filmbardāri	دوربین فیلمبرداری
cámara (f) fotográfica	durbin-e akkāsi	دوربین عکاسی
cámara (f) digital	durbin-e dijitāl	دوربین دیجیتال
aspirador (m), aspiradora (f)	jāru barqi	جارو برقی
plancha (f)	oto	اتو
tabla (f) de planchar	miz-e otu	میز اتو
teléfono (m)	telefon	تلفن
teléfono (m) móvil	telefon-e hamrāh	تلفن همراه
máquina (f) de escribir	mãšin-e tahrir	ماشین تحریر
máquina (f) de coser	čarx-e xayyāti	چرخ خیاطی
micrófono (m)	mikrofon	میکروفون
auriculares (m pl)	guši	گوشی
mando (m) a distancia	kontorol az rāh-e dur	کنترل از راه دور
CD (m)	si-di	سیدی
casete (m)	kāst	کاست
disco (m) de vinilo	safhe-ye gerāmāfon	صفحه گرامافون

LAS ACTIVIDADES DE LA GENTE

El trabajo. Los negocios. Unidad 1

69. La oficina. El trabajo de oficina

oficina (f)	daftar	دفتر
despacho (m)	daftar	دفتر
recepción (f)	pazir-aš	پذیرش
secretario (m)	monši	منشی
secretaria (f)	monši	منشی
director (m)	modir	مدیر
manager (m)	modir	مدیر
contable (m)	hesābdār	حسابدار
colaborador (m)	kārmand	کارمند
muebles (m pl)	mobl	مبل
escritorio (m)	miz	میز
silla (f)	sandali dastedār	صندلی دسته دار
cajonera (f)	kešow	کشو
perchero (m) de pie	čub lebāsi	چوب لباسی
ordenador (m)	kāmpiyuter	کامپیوتر
impresora (f)	pirinter	پرینتر
fax (m)	faks	فکس
fotocopiadora (f)	dastgāh-e kopi	دستگاه کپی
papel (m)	kāqaz	کاغذ
papelería (f)	lavāzem-e tahrir	لوازم تحریر
alfombrilla (f) para ratón	māows pad	ماوس پد
hoja (f) de papel	varaq	ورق
carpeta (f)	puše	پوشه
catálogo (m)	kātālog	کاتالوگ
directorio (m) telefónico	rāhnamā	راهنما
documentación (f)	asnād	اسناد
folleto (m)	borušur	بروشور
prospecto (m)	borušur	بروشور
muestra (f)	nemune	نمونه
reunión (f) de formación	āmuzeš	آموزش
reunión (f)	jalase	جلسه
pausa (f) del almuerzo	vaqt-e nāhār	وقت ناهار
hacer una copia	kopi gereftan	کپی گرفتن
hacer copias	kopi gereftan	کپی گرفتن
recibir un fax	faks gereftan	فکس گرفتن
enviar un fax	faks ferestādan	فکس فرستادن

llamar por teléfono	telefon zadan	تلفن زدن
responder (vi, vt)	javāb dādan	جواب دادن
poner en comunicación	vasl šodan	وصل شدن
fijar (~ una reunión)	sāzmān dādan	سازمان دادن
demostrar (vt)	nemāyeš dādan	نمایش دادن
estar ausente	qāyeb budan	غایب بودن
ausencia (f)	qeybat	غیبت

70. Los procesos de negocio. Unidad 1

ocupación (f)	šoql	شغل
firma (f)	šerkat	شرکت
compañía (f)	kompāni	کمپانی
corporación (f)	šerkat-e sahami	شرکت سهامی
empresa (f)	šerkat	شرکت
agencia (f)	namāyandegi	نمایندگی
acuerdo (m)	qarārdād	قرارداد
contrato (m)	qarārdād	قرارداد
trato (m), acuerdo (m)	mo'āmele	معامله
pedido (m)	sefāreš	سفارش
condición (f) del contrato	šart	شرط
al por mayor (adv)	omde furuši	عمده فروشی
al por mayor (adj)	omde	عمده
venta (f) al por mayor	omde furuši	عمده فروشی
al por menor (adj)	xorde-foruši	خرده فروشی
venta (f) al por menor	xorde-foruši	خرده فروشی
competidor (m)	raqib	رقیب
competencia (f)	reqābat	رقابت
competir (vi)	reqābat kardan	رقابت کردن
socio (m)	šarik	شریک
sociedad (f)	mošārek-at	مشارکت
crisis (f)	bohrān	بحران
bancarrota (f)	varšekastegi	ورشکستگی
ir a la bancarrota	varšekast šodan	ورشکست شدن
dificultad (f)	saxti	سختی
problema (m)	moškel	مشکل
catástrofe (f)	fāje'e	فاجعه
economía (f)	eqtesād	اقتصاد
económico (adj)	eqtesādi	اقتصادی
recesión (f) económica	rokud-e eqtesādi	رکود اقتصادی
meta (f)	hadaf	هدف
objetivo (m)	hadaf	هدف
comerciar (vi)	tejārat kardan	تجارت کردن
red (f) (~ comercial)	šabake-ye towzi'	شبکهٔ توزیع
existencias (f pl)	fehrest anbār	فهرست انبار

surtido (m)	majmu'e	مجموعه
líder (m)	rahbar	رهبر
grande (empresa ~)	bozorg	بزرگ
monopolio (m)	enhesār	انحصار
teoría (f)	nazariye	نظریه
práctica (f)	amal	عمل
experiencia (f)	tajrobe	تجربه
tendencia (f)	gerāyeš	گرایش
desarrollo (m)	pišraft	پیشرفت

71. Los procesos de negocio. Unidad 2

rentabilidad (f)	sud	سود
rentable (adj)	sudāvar	سودآور
delegación (f)	hey'at-e namāyandegān	هیئت نمایندگان
salario (m)	hoquq	حقوق
corregir (un error)	eslāh kardan	اصلاح کردن
viaje (m) de negocios	ma'muriyat	مأموریت
comisión (f)	komisiyon	کمیسیون
controlar (vt)	kontorol kardan	کنترل کردن
conferencia (f)	konferāns	کنفرانس
licencia (f)	parvāne	پروانه
fiable (socio ~)	motmaen	مطمئن
iniciativa (f)	ebtekār	ابتکار
norma (f)	me'yār	معیار
circunstancia (f)	vaz'iyat	وضعیت
deber (m)	vazife	وظیفه
empresa (f)	šerkat	شرکت
organización (f) (proceso)	sāzmāndehi	سازماندهی
organizado (adj)	sāzmān yāfte	سازمان یافته
anulación (f)	laqv	لغو
anular (vt)	laqv kardan	لغو کردن
informe (m)	gozāreš	گزارش
patente (m)	govāhi-ye sabt-e exterā'	گواهی ثبت اختراع
patentar (vt)	govāhi exterā' gereftan	گواهی اختراع گرفتن
planear (vt)	barnāmerizi kardan	برنامه ریزی کردن
premio (m)	pādāš	پاداش
profesional (adj)	herfe i	حرفه ای
procedimiento (m)	tašrifāt	تشریفات
examinar (vt)	barresi kardan	بررسی کردن
cálculo (m)	mohāsebe	محاسبه
reputación (f)	e'tebār	اعتبار
riesgo (m)	risk	ریسک
dirigir (administrar)	edāre kardan	اداره کردن
información (f)	ettelā'āt	اطلاعات

propiedad (f)	dārāyi	دارایی
unión (f)	ettehādiye	اتحادیه
seguro (m) de vida	bime-ye omr	بیمۀ عمر
asegurar (vt)	bime kardan	بیمه کردن
seguro (m)	bime	بیمه
subasta (f)	harāj	حراج
notificar (informar)	xabar dādan	خبر دادن
gestión (f)	edāre	اداره
servicio (m)	xedmat	خدمت
foro (m)	ham andiši	هم اندیشی
funcionar (vi)	amal kardan	عمل کردن
etapa (f)	marhale	مرحله
jurídico (servicios ~s)	hoquqi	حقوقی
jurista (m)	hoquq dān	حقوق دان

72. La producción. Los trabajos

planta (f)	kārxāne	کارخانه
fábrica (f)	kārxāne	کارخانه
taller (m)	kārgāh	کارگاه
planta (f) de producción	towlidi	تولیدی
industria (f)	san'at	صنعت
industrial (adj)	san'ati	صنعتی
industria (f) pesada	sanāye-'e sangin	صنایع سنگین
industria (f) ligera	sanāye-'e sabok	صنایع سبک
producción (f)	towlidāt	تولیدات
producir (vt)	towlid kardan	تولید کردن
materias (f pl) primas	mavādd-e xām	مواد خام
jefe (m) de brigada	sarkāregar	سرکارگر
brigada (f)	daste-ye kāregaran	دسته کارگران
obrero (m)	kārgar	کارگر
día (m) de trabajo	ruz-e kāri	روز کاری
descanso (m)	esterāhat	استراحت
reunión (f)	jalase	جلسه
discutir (vt)	bahs kardan	بحث کردن
plan (m)	barnāme	برنامه
cumplir el plan	barnāme rā ejrā kardan	برنامه را اجرا کردن
tasa (f) de producción	nerx-e tolid	نرخ تولید
calidad (f)	keyfiyat	کیفیت
control (m)	kontorol	کنترل
control (m) de calidad	kontorol-e keyfi	کنترل کیفی
seguridad (f) de trabajo	amniyat-e kār	امنیت کار
disciplina (f)	enzebāt	انضباط
infracción (f)	naqz	نقض
violar (las reglas)	naqz kardan	نقض کردن

huelga (f)	e'tesāb	اعتصاب
huelguista (m)	e'tesāb konande	اعتصاب کننده
estar en huelga	e'tesāb kardan	اعتصاب کردن
sindicato (m)	ettehādiye-ye kārgari	اتحادیهٔ کارگری
inventar (máquina, etc.)	exterā' kardan	اختراع کردن
invención (f)	exterā'	اختراع
investigación (f)	tahqiq	تحقیق
mejorar (vt)	behtar kardan	بهتر کردن
tecnología (f)	fanāvari	فناوری
dibujo (m) técnico	rasm-e fani	رسم فنی
cargamento (m)	bār	بار
cargador (m)	bārbar	باربر
cargar (camión, etc.)	bār kardan	بار کردن
carga (f) (proceso)	bārgiri	بارگیری
descargar (vt)	bārgiri	بارگیری
descarga (f)	bārandāz-i	باراندازی
transporte (m)	haml-o naql	حمل و نقل
compañía (f) de transporte	šerkat-e haml-o naql	شرکت حمل و نقل
transportar (vt)	haml kardan	حمل کردن
vagón (m)	vāgon-e bari	واگن باری
cisterna (f)	maxzan	مخزن
camión (m)	kāmiyon	کامیون
máquina (f) herramienta	dastgāh	دستگاه
mecanismo (m)	mekānism	مکانیسم
desperdicios (m pl)	zāye'āt-e san'ati	ضایعات صنعتی
empaquetado (m)	baste band-i	بسته بندی
empaquetar (vt)	baste bandi kardan	بسته بندی کردن

73. El contrato. El acuerdo

contrato (m)	qarārdād	قرارداد
acuerdo (m)	tavāfoq-e nāme	توافق نامه
anexo (m)	zamime	ضمیمه
firmar un contrato	qarārdād bastan	قرارداد بستن
firma (f) (nombre)	emzā'	امضاء
firmar (vt)	emzā kardan	امضا کردن
sello (m)	mehr	مهر
objeto (m) del acuerdo	mowzu-'e qarārdād	موضوع قرارداد
cláusula (f)	mādde	ماده
partes (f pl)	tarafeyn	طرفین
domicilio (m) legal	ādres-e hoquqi	آدرس حقوقی
violar el contrato	naqz kardan-e qarārdād	نقض کردن قرارداد
obligación (f)	ta'ahhod	تعهد
responsabilidad (f)	mas'uliyat	مسئولیت
fuerza mayor (f)	šarāyet-e ezterāri	شرایط اضطراری

disputa (f)	xalāf	خلاف
penalidades (f pl)	eqdāmāt-e tanbihi	اقدامات تنبیهی

74. Importación y exportación

importación (f)	vāredāt	واردات
importador (m)	vāred konande	وارد کننده
importar (vt)	vāred kardan	وارد کردن
de importación (adj)	vāredāti	وارداتی
exportación (f)	sāderāt	صادرات
exportador (m)	sāder konande	صادر کننده
exportar (vt)	sāder kardan	صادر کردن
de exportación (adj)	sāderāti	صادراتی
mercancía (f)	kālā	کالا
lote (m) de mercancías	mahmule	محموله
peso (m)	vazn	وزن
volumen (m)	hajm	حجم
metro (m) cúbico	metr moka'ab	متر مکعب
productor (m)	towlid konande	تولید کننده
compañía (f) de transporte	šerkat-e haml-o naql	شرکت حمل و نقل
contenedor (m)	kāntiner	کانتینر
frontera (f)	marz	مرز
aduana (f)	gomrok	گمرک
derechos (m pl) arancelarios	avārez-e gomroki	عوارض گمرکی
aduanero (m)	ma'mur-e gomrok	مأمور گمرک
contrabandismo (m)	qāčāq	قاچاق
contrabando (m)	ajnās-e qāčāq	اجناس قاچاق

75. Las finanzas

acción (f)	sahām	سهام
bono (m), obligación (f)	owrāq-e bahādār	اوراق بهادار
letra (f) de cambio	safte	سفته
bolsa (f)	burs	بورس
cotización (f) de valores	nerx-e sahām	نرخ سهام
abaratarse (vr)	arzān šodan	ارزان شدن
encarecerse (vr)	gerān šodan	گران شدن
interés (m) mayoritario	manāfe-'e kontoroli	منافع کنترلی
inversiones (f pl)	sarmāye gozāri	سرمایه گذاری
invertir (vi, vt)	sarmāye gozāri kardan	سرمایه گذاری کردن
porcentaje (m)	darsad	درصد
interés (m)	sud	سود
beneficio (m)	sud	سود
beneficioso (adj)	sudāvar	سودآور

impuesto (m)	māliyāt	مالیات
divisa (f)	arz	ارز
nacional (adj)	melli	ملی
cambio (m)	tabādol	تبادل
contable (m)	hesābdār	حسابدار
contaduría (f)	hesābdāri	حسابداری
bancarrota (f)	varšekastegi	ورشکستگی
quiebra (f)	šekast	شکست
ruina (f)	varšekastegi	ورشکستگی
arruinarse (vr)	varšekast šodan	ورشکست شدن
inflación (f)	tavarrom	تورم
devaluación (f)	taqlil-e arzeš-e pul	تقلیل ارزش پول
capital (m)	sarmāye	سرمایه
ingresos (m pl)	darāmad	درآمد
volumen (m) de negocio	gardeš moʻāmelāt	گردش معاملات
recursos (m pl)	manābeʻ	منابع
recursos (m pl) monetarios	manābe-ʻe puli	منابع پولی
gastos (m pl) accesorios	maxārej-e kolli	مخارج کلی
reducir (vt)	kam kardan	کم کردن

76. La mercadotecnia

mercadotecnia (f)	bāzāryābi	بازاریابی
mercado (m)	bāzār	بازار
segmento (m) del mercado	baxše bāzār	بخش بازار
producto (m)	mahsul	محصول
mercancía (f)	kālā	کالا
marca (f)	barand	برند
marca (f) comercial	nešān tejāri	نشان تجاری
logotipo (m)	logo	لوگو
logo (m)	logo	لوگو
demanda (f)	taqāzā	تقاضا
oferta (f)	arze	عرضه
necesidad (f)	ehtiyāj	احتیاج
consumidor (m)	masraf-e konande	مصرف کننده
análisis (m)	tahlil	تحلیل
analizar (vt)	tahlil kardan	تحلیل کردن
posicionamiento (m)	mowzeʻ giri	موضع گیری
posicionar (vt)	mowzeʻ giri kardan	موضع گیری کردن
precio (m)	qeymat	قیمت
política (f) de precios	siyāsat-e qeymat-e gozār-i	سیاست قیمت گذاری
formación (f) de precios	qeymat gozāri	قیمت گذاری

77. La publicidad

publicidad (f)	āgahi	آگهی
publicitar (vt)	tabliq kardan	تبلیغ کردن
presupuesto (m)	budje	بودجه
anuncio (m) publicitario	āgahi	آگهی
publicidad (f) televisiva	tabliqāt-e televiziyoni	تبلیغات تلویزیونی
publicidad (f) radiofónica	tabliqāt-e rādiyoyi	تبلیغات رادیویی
publicidad (f) exterior	āgahi-ye biruni	آگهی بیرونی
medios (m pl) de comunicación de masas	resāne-hay-e jam'i	رسانه های جمعی
periódico (m)	našriye-ye dowrei	نشریهٔ دوره ای
imagen (f)	temsāl	تمثال
consigna (f)	šo'ār	شعار
divisa (f)	šo'ār	شعار
campaña (f)	kampeyn	کمپین
campaña (f) publicitaria	kampeyn-e tabliqāti	کمپین تبلیغاتی
auditorio (m) objetivo	goruh-e hadaf	گروه هدف
tarjeta (f) de visita	kārt-e vizit	کارت ویزیت
prospecto (m)	borušur	بروشور
folleto (m)	borušur	بروشور
panfleto (m)	ketābče	کتابچه
boletín (m)	xabarnāme	خبرنامه
letrero (m) (~ luminoso)	tāblo	تابلو
pancarta (f)	poster	پوستر
valla (f) publicitaria	bilbord	بیلبورد

78. La banca

banco (m)	bānk	بانک
sucursal (f)	šo'be	شعبه
consultor (m)	mošāver	مشاور
gerente (m)	modir	مدیر
cuenta (f)	hesāb-e bānki	حساب بانکی
numero (m) de la cuenta	šomāre-ye hesāb	شمارهٔ حساب
cuenta (f) corriente	hesāb-e jāri	حساب جاری
cuenta (f) de ahorros	hesāb-e pasandāz	حساب پس انداز
abrir una cuenta	hesāb-e bāz kardan	حساب باز کردن
cerrar la cuenta	hesāb rā bastan	حساب را بستن
ingresar en la cuenta	be hesāb rixtan	به حساب ریختن
sacar de la cuenta	az hesāb bardāštan	از حساب برداشتن
depósito (m)	seporde	سپرده
hacer un depósito	seporde gozāštan	سپرده گذاشتن

giro (m) bancario	enteqāl	انتقال
hacer un giro	enteqāl dādan	انتقال دادن
suma (f)	jam'-e kol	جمع کل
¿Cuánto?	čeqadr?	چقدر؟
firma (f) (nombre)	emzā'	امضاء
firmar (vt)	emzā kardan	امضا کردن
tarjeta (f) de crédito	kārt-e e'tebāri	کارت اعتباری
código (m)	kod	کد
número (m) de tarjeta de crédito	šomāre-ye kārt-e e'tebāri	شماره کارت اعتباری
cajero (m) automático	xodpardāz	خودپرداز
cheque (m)	ček	چک
sacar un cheque	ček neveštan	چک نوشتن
talonario (m)	daste-ye ček	دسته چک
crédito (m)	e'tebār	اعتبار
pedir el crédito	darxāst-e vam kardan	درخواست وام کردن
obtener un crédito	vām gereftan	وام گرفتن
conceder un crédito	vām dādan	وام دادن
garantía (f)	zemānat	ضمانت

79. El teléfono. Las conversaciones telefónicas

teléfono (m)	telefon	تلفن
teléfono (m) móvil	telefon-e hamrāh	تلفن همراه
contestador (m)	monši-ye telefoni	منشی تلفنی
llamar, telefonear	telefon zadan	تلفن زدن
llamada (f)	tamās-e telefoni	تماس تلفنی
marcar un número	šomāre gereftan	شماره گرفتن
¿Sí?, ¿Dígame?	alo!	الو!
preguntar (vt)	porsidan	پرسیدن
responder (vi, vt)	javāb dādan	جواب دادن
oír (vt)	šenidan	شنیدن
bien (adv)	xub	خوب
mal (adv)	bad	بد
ruidos (m pl)	sedā	صدا
auricular (m)	guši	گوشی
descolgar (el teléfono)	guši rā bar dāštan	گوشی را برداشتن
colgar el auricular	guši rā gozāštan	گوشی را گذاشتن
ocupado (adj)	mašqul	مشغول
sonar (teléfono)	zang zadan	زنگ زدن
guía (f) de teléfonos	daftar-e telefon	دفتر تلفن
local (adj)	mahalli	محلی
llamada (f) local	telefon-e dāxeli	تلفن داخلی

de larga distancia	beyn-e šahri	بین شهری
llamada (f) de larga distancia	telefon-e beyn-e šahri	تلفن بین شهری
internacional (adj)	beynolmelali	بین المللی
llamada (f) internacional	telefon-e beynolmelali	تلفن بین المللی

80. El teléfono celular

teléfono (m) móvil	telefon-e hamrāh	تلفن همراه
pantalla (f)	namāyešgar	نمایشگر
botón (m)	dokme	دکمه
tarjeta SIM (f)	sim-e kārt	سیم کارت
pila (f)	bātri	باطری
descargarse (vr)	tamām šodan bātri	تمام شدن باتری
cargador (m)	šāržer	شارژ
menú (m)	meno	منو
preferencias (f pl)	tanzimāt	تنظیمات
melodía (f)	āhang	آهنگ
seleccionar (vt)	entexāb kardan	انتخاب کردن
calculadora (f)	māšin-e hesāb	ماشین حساب
contestador (m)	monši-ye telefoni	منشی تلفنی
despertador (m)	sā'at-e zang dār	ساعت زنگ دار
contactos (m pl)	daftar-e telefon	دفتر تلفن
mensaje (m) de texto	payāmak	پیامک
abonado (m)	moštarek	مشترک

81. Los artículos de escritorio. La papelería

bolígrafo (m)	xodkār	خودکار
pluma (f) estilográfica	xodnevis	خودنویس
lápiz (m)	medād	مداد
marcador (m)	māžik	ماژیک
rotulador (m)	māžik	ماژیک
bloc (m) de notas	daftar-e yāddāšt	دفتر یادداشت
agenda (f)	daftar-e yāddāšt	دفتر یادداشت
regla (f)	xat keš	خط کش
calculadora (f)	māšin-e hesāb	ماشین حساب
goma (f) de borrar	pāk kon	پاک کن
chincheta (f)	punez	پونز
clip (m)	gire	گیره
cola (f), pegamento (m)	časb	چسب
grapadora (f)	mangane-ye zan	منگنه زن
perforador (m)	pānč	پانچ
sacapuntas (m)	madād-e tarāš	مداد تراش

82. Tipos de negocios

contabilidad (f)	xadamāt-e hesābdāri	خدمات حسابداری
publicidad (f)	āgahi	آگهی
agencia (f) de publicidad	āžāns-e tabliqāti	آژانس تبلیغاتی
climatizadores (m pl)	tahviye-ye matbu'	تهویه مطبوع
compañía (f) aérea	šerkat-e havāpeymāyi	شرکت هواپیمایی
bebidas (f pl) alcohólicas	mašrubāt-e alkoli	مشروبات الکلی
antigüedad (f)	atiqe	عتیقه
galería (f) de arte	gāleri-ye honari	گالری هنری
servicios (m pl) de auditoría	xadamāt-e momayyezi	خدمات ممیزی
negocio (m) bancario	bānk-dāri	بانکداری
bar (m)	bār	بار
salón (m) de belleza	sālon-e zibāyi	سالن زیبایی
librería (f)	ketāb-foruši	کتاب فروشی
fábrica (f) de cerveza	ābe jow-sāzi	آب جوسازی
centro (m) de negocios	markaz-e tejāri	مرکز تجاری
escuela (f) de negocios	moassese-ye bāzargāni	موسسه بازرگانی
casino (m)	kāzino	کازینو
construcción (f)	sāxtemān	ساختمان
consultoría (f)	mošavere	مشاوره
estomatología (f)	dandān-e pezeški	دندان پزشکی
diseño (m)	tarrāhi	طراحی
farmacia (f)	dāruxāne	داروخانه
tintorería (f)	xošk-šuyi	خشکشویی
agencia (f) de empleo	āžāns-e kāryābi	آژانس کاریابی
servicios (m pl) financieros	xadamāt-e māli	خدمات مالی
productos alimenticios	mavādd-e qazāyi	مواد غذایی
funeraria (f)	xadamat-e kafno dafn	خدمات کفن و دفن
muebles (m pl)	mobl	مبل
ropa (f)	lebās	لباس
hotel (m)	hotel	هتل
helado (m)	bastani	بستنی
industria (f)	san'at	صنعت
seguro (m)	bime	بیمه
internet (m), red (f)	internet	اینترنت
inversiones (f pl)	sarmāye gozāri	سرمایه گذاری
joyero (m)	javāheri	جواهری
joyería (f)	javāherāt	جواهرات
lavandería (f)	xošk-šuyi	خشکشویی
asesoría (f) jurídica	xadamāt-e hoquqi	خدمات حقوقی
industria (f) ligera	sanāye-'e sabok	صنایع سبک
revista (f)	majalle	مجله
venta (f) por catálogo	foruš-e sefāreš-e posti	فروش سفارش پستی
medicina (f)	pezeški	پزشکی
cine (m) (iremos al ~)	sinamā	سینما
museo (m)	muze	موزه

agencia (f) de información	xabar-gozari	خبرگزاری
periódico (m)	ruznāme	روزنامه
club (m) nocturno	kābāre	کاباره
petróleo (m)	naft	نفت
servicio (m) de entrega	xadamāt-e post	خدمات پست
industria (f) farmacéutica	dārusāzi	داروسازی
poligrafía (f)	sahhāfi	صحافی
editorial (f)	entešārāt	انتشارات
radio (f)	rādiyo	رادیو
inmueble (m)	amvāl-e qeyr-e manqul	اموال غیر منقول
restaurante (m)	resturān	رستوران
agencia (f) de seguridad	āžāns-e amniyati	آژانس امنیتی
deporte (m)	varzeš	ورزش
bolsa (f) de comercio	burs	بورس
tienda (f)	maqāze	مغازه
supermercado (m)	supermārket	سوپرمارکت
piscina (f)	estaxr	استخر
taller (m)	xayyāti	خیاطی
televisión (f)	televiziyon	تلویزیون
teatro (m)	teātr	تئاتر
comercio (m)	tejārat	تجارت
servicios de transporte	haml-o naql	حمل و نقل
turismo (m)	turism	توریسم
veterinario (m)	dāmpezešk	دامپزشک
almacén (m)	anbār	انبار
recojo (m) de basura	jam āvari-ye zobāle	جمع آوری زباله

El trabajo. Los negocios. Unidad 2

83. La exhibición. La feria comercial

exposición, feria (f)	namāyešgāh	نمایشگاه
feria (f) comercial	namāyešgāh-e tejāri	نمایشگاه تجاری
participación (f)	šerkat	شرکت
participar (vi)	šerekat kardan	شرکت کردن
participante (m)	šerekat konande	شرکت کننده
director (m)	ra'is	رئیس
dirección (f)	daftar-e modiriyat	دفتر مدیریت
organizador (m)	sāzmān dahande	سازمان دهنده
organizar (vt)	sāzmān dādan	سازمان دادن
solicitud (f) de participación	darxāst-e šerkat	درخواست شرکت
rellenar (vt)	por kardan	پر کردن
detalles (m pl)	joz'iyāt	جزئیات
información (f)	ettelā'āt	اطلاعات
precio (m)	arzeš	ارزش
incluso	šāmel	شامل
incluir (vt)	šāmel šodan	شامل شدن
pagar (vi, vt)	pardāxtan	پرداختن
cuota (f) de registro	haqq-e sabt	حق ثبت
entrada (f)	vorud	ورود
pabellón (m)	qorfe	غرفه
registrar (vt)	sabt kardan	ثبت کردن
tarjeta (f) de identificación	kārt-e šenāsāyi	کارت شناسایی
stand (m) de feria	qorfe	غرفه
reservar (vt)	rezerv kardan	رزرو کردن
vitrina (f)	vitrin	ویترین
lámpara (f)	nurafkan	نورافکن
diseño (m)	tarh	طرح
poner (colocar)	qarār dādan	قرار دادن
situarse (vr)	qarār gereftan	قرار گرفتن
distribuidor (m)	towzi' konande	توزیع کننده
proveedor (m)	arze konande	عرضه کننده
suministrar (vt)	arze kardan	عرضه کردن
país (m)	kešvar	کشور
extranjero (adj)	xāreji	خارجی
producto (m)	mahsul	محصول
asociación (f)	anjoman	انجمن
sala (f) de conferencias	tālār-e konferāns	تالار کنفرانس

congreso (m)	kongere	کنگره
concurso (m)	mosābeqe	مسابقه
visitante (m)	bāzdid konande	بازدید کننده
visitar (vt)	bāzdid kardan	بازدید کردن
cliente (m)	moštari	مشتری

84. La ciencia. La investigación. Los científicos

ciencia (f)	elm	علم
científico (adj)	elmi	علمی
científico (m)	dānešmand	دانشمند
teoría (f)	nazariye	نظریه
axioma (m)	qā'ede-ye kolli	قاعده کلی
análisis (m)	tahlil	تحلیل
analizar (vt)	tahlil kardan	تحلیل کردن
argumento (m)	dalil	دلیل
sustancia (f) (materia)	mādde	ماده
hipótesis (f)	farziye	فرضیه
dilema (m)	dorāhi	دوراهی
tesis (f) de grado	pāyān nāme	پایان نامه
dogma (m)	aqide	عقیده
doctrina (f)	doktorin	دکترین
investigación (f)	tahqiq	تحقیق
investigar (vt)	tahghigh kardan	تحقیق کردن
prueba (f)	āzmāyeš	آزمایش
laboratorio (m)	āzmāyešgāh	آزمایشگاه
método (m)	raveš	روش
molécula (f)	molekul	مولکول
seguimiento (m)	nozzār-at	نظارت
descubrimiento (m)	kašf	کشف
postulado (m)	engāre	انگاره
principio (m)	asl	اصل
pronóstico (m)	piš bini	پیش بینی
pronosticar (vt)	pišbini kardan	پیش بینی کردن
síntesis (f)	santez	سنتز
tendencia (f)	gerāyeš	گرایش
teorema (m)	qaziye	قضیه
enseñanzas (f pl)	āmuzeš	آموزش
hecho (m)	haqiqat	حقیقت
expedición (f)	safar	سفر
experimento (m)	āzmāyeš	آزمایش
académico (m)	ozv-e ākādemi	عضو آکادمی
bachiller (m)	lisāns	لیسانس
doctorado (m)	pezešk	پزشک
docente (m)	dānešyār	دانشیار

Master (m) (~ en Letras)	foqe lisāns	فوق ليسانس
profesor (m)	porofosor	پروفسور

Las profesiones y los oficios

85. La búsqueda de trabajo. El despido

trabajo (m)	kār	کار
empleados (pl)	kārmandān	کارمندان
personal (m)	kādr	کادر
carrera (f)	šoql	شغل
perspectiva (f)	durnamā	دورنما
maestría (f)	mahārat	مهارت
selección (f)	entexāb	انتخاب
agencia (f) de empleo	āžāns-e kāryābi	آژانس کاریابی
curriculum vitae (m)	rezume	رزومه
entrevista (f)	mosāhabe-ye kari	مصاحبه کاری
vacancia (f)	post-e xāli	پست خالی
salario (m)	hoquq	حقوق
salario (m) fijo	darāmad-e sābet	درآمد ثابت
remuneración (f)	pardāxt	پرداخت
puesto (m) (trabajo)	šoql	شغل
deber (m)	vazife	وظیفه
gama (f) de deberes	šarh-e vazāyef	شرح وظایف
ocupado (adj)	mašqul	مشغول
despedir (vt)	exrāj kardan	اخراج کردن
despido (m)	exrāj	اخراج
desempleo (m)	bikāri	بیکاری
desempleado (m)	bikār	بیکار
jubilación (f)	mostamerri	مستمری
jubilarse	bāznešaste šodan	بازنشسته شدن

86. Los negociantes

director (m)	modir	مدیر
gerente (m)	modir	مدیر
jefe (m)	ra'is	رئیس
superior (m)	māfowq	مافوق
superiores (m pl)	roasā	رؤسا
presidente (m)	ra'is jomhur	رئیس جمهور
presidente (m) (de compañía)	ra'is	رئیس
adjunto (m)	mo'āven	معاون
asistente (m)	mo'āven	معاون

secretario, -a (m, f)	monši	منشی
secretario (m) particular	dastyār-e šaxsi	دستیار شخصی
hombre (m) de negocios	bāzargān	بازرگان
emprendedor (m)	kārāfarin	کارآفرین
fundador (m)	moasses	مؤسس
fundar (vt)	ta'sis kardan	تأسیس کردن
institutor (m)	hamkār	همکار
socio (m)	šarik	شریک
accionista (m)	sahāmdār	سهامدار
millonario (m)	milyuner	میلیونر
multimillonario (m)	milyārder	میلیاردر
propietario (m)	sāheb	صاحب
terrateniente (m)	zamin-dār	زمین دار
cliente (m)	xaridār	خریدار
cliente (m) habitual	xaridār-e dāemi	خریدار دائمی
comprador (m)	xaridār	خریدار
visitante (m)	bāzdid konande	بازدید کننده
profesional (m)	herfe i	حرفه ای
experto (m)	kāršenās	کارشناس
especialista (m)	motexasses	متخصص
banquero (m)	kārmand-e bānk	کارمند بانک
broker (m)	dallāl-e kārgozār	دلال کارگزار
cajero (m)	sanduqdār	صندوقدار
contable (m)	hesābdār	حسابدار
guardia (m) de seguridad	negahbān	نگهبان
inversionista (m)	sarmāye gozār	سرمایه گذار
deudor (m)	bedehkār	بدهکار
acreedor (m)	talabkār	طلبکار
prestatario (m)	vām girande	وام گیرنده
importador (m)	vāred konande	وارد کننده
exportador (m)	sāder konande	صادر کننده
productor (m)	towlid konande	تولید کننده
distribuidor (m)	towzi' konande	توزیع کننده
intermediario (m)	vāsete	واسطه
asesor (m) (~ fiscal)	mošāver	مشاور
representante (m)	namāyande	نماینده
agente (m)	namāyande	نماینده
agente (m) de seguros	namāyande-ye bime	نمایندهٔ بیمه

87. Los trabajos de servicio

cocinero (m)	āšpaz	آشپز
jefe (m) de cocina	sarāšpaz	سرآشپز

panadero (m)	nānvā	نانوا
barman (m)	motesaddi-ye bār	متصدی بار
camarero (m)	pišxedmat	پیشخدمت
camarera (f)	pišxedmat	پیشخدمت
abogado (m)	vakil	وکیل
jurista (m)	hoquq dān	حقوق دان
notario (m)	daftardār	دفتردار
electricista (m)	barq-e kār	برق کار
fontanero (m)	lule keš	لوله کش
carpintero (m)	najjār	نجار
masajista (m)	māsāž dahande	ماساژ دهنده
masajista (f)	māsāž dahande	ماساژ دهنده
médico (m)	pezešk	پزشک
taxista (m)	rānande-ye tāksi	راننده تاکسی
chofer (m)	rānande	راننده
repartidor (m)	peyk	پیک
camarera (f)	mostaxdem	مستخدم
guardia (m) de seguridad	negahbān	نگهبان
azafata (f)	mehmāndār-e havāpeymā	مهماندار هواپیما
profesor (m) (~ de baile, etc.)	mo'allem	معلم
bibliotecario (m)	ketābdār	کتابدار
traductor (m)	motarjem	مترجم
intérprete (m)	motarjem-e šafāhi	مترجم شفاهی
guía (m)	rāhnamā-ye tur	راهنمای تور
peluquero (m)	ārāyešgar	آرایشگر
cartero (m)	nāme resān	نامه رسان
vendedor (m)	forušande	فروشنده
jardinero (m)	bāqbān	باغبان
servidor (m)	nowkar	نوکر
criada (f)	xedmatkār	خدمتکار
mujer (f) de la limpieza	zan-e nezāfatči	زن نظافتچی

88. La profesión militar y los rangos

soldado (m) raso	sarbāz	سرباز
sargento (m)	goruhbān	گروهبان
teniente (m)	sotvān	ستوان
capitán (m)	kāpitān	کاپیتان
mayor (m)	sargord	سرگرد
coronel (m)	sarhang	سرهنگ
general (m)	ženerāl	ژنرال
mariscal (m)	māršāl	مارشال
almirante (m)	daryāsālār	دریاسالار
militar (m)	nezāmi	نظامی
soldado (m)	sarbāz	سرباز

oficial (m)	afsar	افسر
comandante (m)	farmāndeh	فرمانده

guardafronteras (m)	marzbān	مرزبان
radio-operador (m)	bisim či	بیسیم چی
explorador (m)	ettelā'āti	اطلاعاتی
zapador (m)	mohandes estehkāmāt	مهندس استحکامات
tirador (m)	tirandāz	تیرانداز
navegador (m)	nāvbar	ناویر

89. Los oficiales. Los sacerdotes

rey (m)	šāh	شاه
reina (f)	maleke	ملکه

príncipe (m)	šāhzāde	شاهزاده
princesa (f)	pranses	پرنسس

zar (m)	tezār	تزار
zarina (f)	maleke	ملکه

presidente (m)	ra'is jomhur	رئیس جمهور
ministro (m)	vazir	وزیر
primer ministro (m)	noxost vazir	نخست وزیر
senador (m)	senātor	سناتور

diplomático (m)	diplomāt	دیپلمات
cónsul (m)	konsul	کنسول
embajador (m)	safir	سفیر
consejero (m)	mošāver	مشاور

funcionario (m)	kārmand	کارمند
prefecto (m)	baxšdār	بخشدار
alcalde (m)	šahrdār	شهردار

juez (m)	qāzi	قاضی
fiscal (m)	dādsetān	دادستان

misionero (m)	misiyoner	میسیونر
monje (m)	rāheb	راهب
abad (m)	rāheb-e bozorg	راهب بزرگ
rabino (m)	xāxām	خاخام

visir (m)	vazir	وزیر
sha (m)	šāh	شاه
jeque (m)	šeyx	شیخ

90. Las profesiones agrícolas

apicultor (m)	zanburdār	زنبوردار
pastor (m)	čupān	چوپان
agrónomo (m)	motexasses-e kešāvarzi	متخصص کشاورزی

ganadero (m)	dāmparvar	دامپرور
veterinario (m)	dāmpezešk	دامپزشک
granjero (m)	kešāvarz	کشاورز
vinicultor (m)	šarāb sāz	شراب ساز
zoólogo (m)	jānevar-šenās	جانور شناس
vaquero (m)	gāvčerān	گاوچران

91. Las profesiones artísticas

actor (m)	bāzigar	بازیگر
actriz (f)	bāzigar	بازیگر
cantante (m)	xānande	خواننده
cantante (f)	xānande	خواننده
bailarín (m)	raqqās	رقاص
bailarina (f)	raqqāse	رقاصه
artista (m)	honarpiše	هنرپیشه
artista (f)	honarpiše	هنرپیشه
músico (m)	muzisiyan	موزیسین
pianista (m)	piyānist	پیانیست
guitarrista (m)	gitārist	گیتاریست
director (m) de orquesta	rahbar-e orkestr	رهبر ارکستر
compositor (m)	āhangsāz	آهنگساز
empresario (m)	modir-e operā	مدیر اپرا
director (m) de cine	kārgardān	کارگردان
productor (m)	tahiye konande	تهیه کننده
guionista (m)	senārist	سناریست
crítico (m)	montaqed	منتقد
escritor (m)	nevisande	نویسنده
poeta (m)	šā'er	شاعر
escultor (m)	mojassame sāz	مجسمه ساز
pintor (m)	naqqāš	نقاش
malabarista (m)	tardast	تردست
payaso (m)	dalqak	دلقک
acróbata (m)	ākrobāt	آکروبات
ilusionista (m)	šo'bade bāz	شعبده باز

92. Profesiones diversas

médico (m)	pezešk	پزشک
enfermera (f)	parastār	پرستار
psiquiatra (m)	ravānpezešk	روانپزشک
dentista (m)	dandān pezešk	دندان پزشک
cirujano (m)	jarrāh	جراح

astronauta (m)	fazānavard	فضانورد
astrónomo (m)	setāre-šenās	ستاره شناس
piloto (m)	xalabān	خلبان
conductor (m) (chófer)	rānande	راننده
maquinista (m)	rānande	راننده
mecánico (m)	mekānik	مکانیک
minero (m)	ma'danči	معدنچی
obrero (m)	kārgar	کارگر
cerrajero (m)	qofl sāz	قفل ساز
carpintero (m)	najjār	نجار
tornero (m)	tarrāš kār	تراش کار
albañil (m)	kārgar-e sāxtemāni	کارگر ساختمانی
soldador (m)	juš kār	جوش کار
profesor (m) (título)	porofosor	پروفسور
arquitecto (m)	me'mār	معمار
historiador (m)	movarrex	مورخ
científico (m)	dānešmand	دانشمند
físico (m)	fizikdān	فیزیکدان
químico (m)	šimi dān	شیمی دان
arqueólogo (m)	bāstān-šenās	باستان شناس
geólogo (m)	zamin-šenās	زمین شناس
investigador (m)	pažuhešgar	پژوهشگر
niñera (f)	parastār bače	پرستار بچه
pedagogo (m)	āmuzgār	آموزگار
redactor (m)	virāstār	ویراستار
redactor jefe (m)	sardabir	سردبیر
corresponsal (m)	xabarnegār	خبرنگار
mecanógrafa (f)	māšin nevis	ماشین نویس
diseñador (m)	tarāh	طراح
especialista (m) en ordenadores	kāršenās kāmpiyuter	کارشناس کامپیوتر
programador (m)	barnāme-ye nevis	برنامه نویس
ingeniero (m)	mohandes	مهندس
marino (m)	malavān	ملوان
marinero (m)	malavān	ملوان
socorrista (m)	nejāt-e dahande	نجات دهنده
bombero (m)	ātaš nešān	آتش نشان
policía (m)	polis	پلیس
vigilante (m) nocturno	mohāfez	محافظ
detective (m)	kārāgāh	کارآگاه
aduanero (m)	ma'mur-e gomrok	مامور گمرک
guardaespaldas (m)	mohāfez-e šaxsi	محافظ شخصی
guardia (m) de prisiones	negahbān zendān	نگهبان زندان
inspector (m)	bāzres	بازرس
deportista (m)	varzeškār	ورزشکار
entrenador (m)	morabbi	مربی

carnicero (m)	qassāb	قصاب
zapatero (m)	kaffāš	کفاش
comerciante (m)	bāzargān	بازرگان
cargador (m)	bārbar	باربر
diseñador (m) de modas	tarrāh-e lebas	طراح لباس
modelo (f)	model-e zan	مدل زن

93. Los trabajos. El estatus social

escolar (m)	dāneš-āmuz	دانش آموز
estudiante (m)	dānešju	دانشجو
filósofo (m)	filsuf	فیلسوف
economista (m)	eqtesāddān	اقتصاددان
inventor (m)	moxtareʿ	مخترع
desempleado (m)	bikār	بیکار
jubilado (m)	bāznešaste	بازنشسته
espía (m)	jāsus	جاسوس
prisionero (m)	zendāni	زندانی
huelguista (m)	eʿtesāb konande	اعتصاب کننده
burócrata (m)	maʿmur-e edāri	مأمور اداری
viajero (m)	mosāfer	مسافر
homosexual (m)	hamjens-e bāz	همجنس باز
hacker (m)	haker	هکر
hippie (m)	hipi	هیپی
bandido (m)	rāhzan	راهزن
sicario (m)	ādamkoš	آدمکش
drogadicto (m)	moʿtād	معتاد
narcotraficante (m)	forušande-ye mavādd-e moxadder	فروشندۀ مواد مخدر
prostituta (f)	fāheše	فاحشه
chulo (m), proxeneta (m)	jākeš	جاکش
brujo (m)	jādugar	جادوگر
bruja (f)	jādugar	جادوگر
pirata (m)	dozd-e daryāyi	دزد دریایی
esclavo (m)	borde	برده
samurai (m)	sāmurāyi	سامورایی
salvaje (m)	vahši	وحشی

La educación

94. La escuela

escuela (f)	madrese	مدرسه
director (m) de escuela	modir-e madrese	مدیر مدرسه
alumno (m)	dāneš-āmuz	دانش آموز
alumna (f)	dāneš-āmuz	دانش آموز
escolar (m)	dāneš-āmuz	دانش آموز
escolar (f)	dāneš-āmuz	دانش آموز
enseñar (vt)	āmuxtan	آموختن
aprender (ingles, etc.)	yād gereftan	یاد گرفتن
aprender de memoria	az hefz kardan	از حفظ کردن
aprender (a leer, etc.)	yād gereftan	یاد گرفتن
estar en la escuela	tahsil kardan	تحصیل کردن
ir a la escuela	madrese raftan	مدرسه رفتن
alfabeto (m)	alefbā	الفبا
materia (f)	mabhas	مبحث
aula (f)	kelās	کلاس
lección (f)	dars	درس
recreo (m)	zang-e tafrih	زنگ تفریح
campana (f)	zang	زنگ
pupitre (m)	miz-e tahrir	میز تحریر
pizarra (f)	taxte-ye siyāh	تخته سیاه
nota (f)	nomre	نمره
buena nota (f)	nomre-ye xub	نمرهٔ خوب
mala nota (f)	nomre-ye bad	نمرهٔ بد
poner una nota	nomre gozāštan	نمره گذاشتن
falta (f)	eštebāh	اشتباه
hacer faltas	eštebāh kardan	اشتباه کردن
corregir (un error)	eslāh kardan	اصلاح کردن
chuleta (f)	taqallob	تقلب
deberes (m pl) de casa	taklif manzel	تکلیف منزل
ejercicio (m)	tamrin	تمرین
estar presente	hozur dāštan	حضور داشتن
estar ausente	qāyeb budan	غایب بودن
faltar a las clases	az madrese qāyeb budan	ازمدرسه غایب بودن
castigar (vt)	tanbih kardan	تنبیه کردن
castigo (m)	tanbih	تنبیه
conducta (f)	raftār	رفتار

libreta (f) de notas	gozāreš-e ruzāne	گزارش روزانه
lápiz (m)	medād	مداد
goma (f) de borrar	pāk kon	پاک کن
tiza (f)	gač	گچ
cartuchera (f)	qalamdān	قلمدان

mochila (f)	kif madrese	کیف مدرسه
bolígrafo (m)	xodkār	خودکار
cuaderno (m)	daftar	دفتر
manual (m)	ketāb-e darsi	کتاب درسی
compás (m)	pargār	پرگار

trazar (vi, vt)	rasm kardan	رسم کردن
dibujo (m) técnico	rasm-e fani	رسم فنی

poema (m), poesía (f)	še'r	شعر
de memoria (adv)	az hefz	از حفظ
aprender de memoria	az hefz kardan	از حفظ کردن

vacaciones (f pl)	ta'tilāt	تعطیلات
estar de vacaciones	dar ta'tilāt budan	در تعطیلات بودن
pasar las vacaciones	ta'tilāt rā gozarāndan	تعطیلات را گذراندن

prueba (f) escrita	emtehān	امتحان
composición (f)	enšā'	انشاء
dictado (m)	dikte	دیکته
examen (m)	emtehān	امتحان
hacer un examen	emtehān dādan	امتحان دادن
experimento (m)	āzmāyeš	آزمایش

95. Los institutos. La Universidad

academia (f)	farhangestān	فرهنگستان
universidad (f)	dānešgāh	دانشگاه
facultad (f)	dāneškade	دانشکده

estudiante (m)	dānešju	دانشجو
estudiante (f)	dānešju	دانشجو
profesor (m)	ostād	استاد

aula (f)	kelās	کلاس
graduado (m)	fāreqottahsil	فارغ التحصیل

diploma (m)	diplom	دیپلم
tesis (f) de grado	pāyān nāme	پایان نامه

estudio (m)	tahqiqe elmi	تحقیق علمی
laboratorio (m)	āzmāyešgāh	آزمایشگاه

clase (f)	soxanrāni	سخنرانی
compañero (m) de curso	ha mdowre i	هم دوره ای

beca (f)	burse tahsili	بورس تحصیلی
grado (m) académico	daraje-ye elmi	درجۀ علمی

96. Las ciencias. Las disciplinas

matemáticas (f pl)	riyāziyāt	ریاضیات
álgebra (f)	jabr	جبر
geometría (f)	hendese	هندسه
astronomía (f)	setāre-šenāsi	ستاره شناسی
biología (f)	zist-šenāsi	زیست شناسی
geografía (f)	joqrāfiyā	جغرافیا
geología (f)	zamin-šenāsi	زمین شناسی
historia (f)	tārix	تاریخ
medicina (f)	pezeški	پزشکی
pedagogía (f)	olume tarbiyati	علوم تربیتی
derecho (m)	hoquq	حقوق
física (f)	fizik	فیزیک
química (f)	šimi	شیمی
filosofía (f)	falsafe	فلسفه
psicología (f)	ravānšenāsi	روانشناسی

97. Los sistemas de escritura. La ortografía

gramática (f)	gerāmer	گرامر
vocabulario (m)	vājegān	واژگان
fonética (f)	sadā-šenāsi	صداشناسی
sustantivo (m)	esm	اسم
adjetivo (m)	sefat	صفت
verbo (m)	fe'l	فعل
adverbio (m)	qeyd	قید
pronombre (m)	zamir	ضمیر
interjección (f)	harf-e nedā	حرف ندا
preposición (f)	harf-e ezāfe	حرف اضافه
raíz (f), radical (m)	riše-ye kalame	ریشه کلمه
desinencia (f)	pasvand	پسوند
prefijo (m)	pišvand	پیشوند
sílaba (f)	hejā	هجا
sufijo (m)	pasvand	پسوند
acento (m)	fešar-e hejā	فشار هجا
apóstrofo (m)	āpostrof	آپوستروف
punto (m)	noqte	نقطه
coma (f)	virgul	ویرگول
punto y coma	noqte virgul	نقطه ویرگول
dos puntos (m pl)	donoqte	دونقطه
puntos (m pl) suspensivos	čand noqte	چند نقطه
signo (m) de interrogación	alāmat-e soāl	علامت سؤال
signo (m) de admiración	alāmat-e taajjob	علامت تعجب

comillas (f pl)	giyume	گیومه
entre comillas	dar giyume	در گیومه
paréntesis (m)	parāntez	پرانتز
entre paréntesis	dar parāntez	در پرانتز

guión (m)	xatt-e vāsel	خط واصل
raya (f)	xatt-e tire	خط تیره
blanco (m)	fāsele	فاصله

letra (f)	harf	حرف
letra (f) mayúscula	harf-e bozorg	حرف بزرگ

vocal (f)	sedādār	صدادار
consonante (m)	sāmet	صامت

oración (f)	jomle	جمله
sujeto (m)	nahād	نهاد
predicado (m)	gozāre	گزاره

línea (f)	satr	سطر
en una nueva línea	sar-e satr	سر سطر
párrafo (m)	band	بند

palabra (f)	kalame	کلمه
combinación (f) de palabras	ebārat	عبارت
expresión (f)	bayān	بیان
sinónimo (m)	moterādef	مترادف
antónimo (m)	motezād	متضاد

regla (f)	qā'ede	قاعده
excepción (f)	estesnā	استثنا
correcto (adj)	sahih	صحیح

conjugación (f)	sarf	صرف
declinación (f)	sarf-e kalemāt	صرف کلمات
caso (m)	hālat	حالت
pregunta (f)	soāl	سؤال
subrayar (vt)	xatt kešidan	خط کشیدن
línea (f) de puntos	noqte čin	نقطه چین

98. Los idiomas extranjeros

lengua (f)	zabān	زبان
extranjero (adj)	xāreji	خارجی
lengua (f) extranjera	zabān-e xāreji	زبان خارجی
estudiar (vt)	dars xāndan	درس خواندن
aprender (ingles, etc.)	yād gereftan	یاد گرفتن

leer (vi, vt)	xāndan	خواندن
hablar (vi, vt)	harf zadan	حرف زدن
comprender (vt)	fahmidan	فهمیدن
escribir (vt)	neveštan	نوشتن
rápidamente (adv)	sari'	سریع
lentamente (adv)	āheste	آهسته

con fluidez (adv)	ravān	روان
reglas (f pl)	qavā'ed	قواعد
gramática (f)	gerāmer	گرامر
vocabulario (m)	vājegān	واژگان
fonética (f)	āvā-šenāsi	آواشناسی
manual (m)	ketāb-e darsi	کتاب درسی
diccionario (m)	farhang-e loqat	فرهنگ لغت
manual (m) autodidáctico	xod-āmuz	خودآموز
guía (f) de conversación	ketāb-e mokāleme	کتاب مکالمه
casete (m)	kāst	کاست
videocasete (f)	kāst-e video	کاست ویدئو
disco compacto, CD (m)	si-di	سیدی
DVD (m)	dey vey dey	دی وی دی
alfabeto (m)	alefbā	الفبا
deletrear (vt)	heji kardan	هجی کردن
pronunciación (f)	talaffoz	تلفظ
acento (m)	lahje	لهجه
con acento	bā lahje	با لهجه
sin acento	bi lahje	بی لهجه
palabra (f)	kalame	کلمه
significado (m)	ma'ni	معنی
cursos (m pl)	dowre	دوره
inscribirse (vr)	nām-nevisi kardan	نام نویسی کردن
profesor (m) (~ de inglés)	ostād	استاد
traducción (f) (proceso)	tarjome	ترجمه
traducción (f) (texto)	tarjome	ترجمه
traductor (m)	motarjem	مترجم
intérprete (m)	motarjem-e šafāhi	مترجم شفاهی
políglota (m)	čand zabāni	چند زبانی
memoria (f)	hāfeze	حافظه

El descanso. El entretenimiento. El viaje

99. Las vacaciones. El viaje

turismo (m)	gardešgari	گردشگری
turista (m)	turist	توریست
viaje (m)	mosāferat	مسافرت
aventura (f)	mājarā	ماجرا
viaje (m) (p.ej. ~ en coche)	safar	سفر
vacaciones (f pl)	moraxxasi	مرخصی
estar de vacaciones	dar moraxassi budan	در مرخصی بودن
descanso (m)	esterāhat	استراحت
tren (m)	qatār	قطار
en tren	bā qatār	با قطار
avión (m)	havāpeymā	هواپیما
en avión	bā havāpeymā	با هواپیما
en coche	bā otomobil	با اتومبیل
en barco	dar kešti	با کشتی
equipaje (m)	bār	بار
maleta (f)	čamedān	چمدان
carrito (m) de equipaje	čarx-e hamle bar	چرخ حمل بار
pasaporte (m)	gozarnāme	گذرنامه
visado (m)	ravādid	روادید
billete (m)	belit	بلیط
billete (m) de avión	belit-e havāpeymā	بلیط هواپیما
guía (f) (libro)	ketāb-e rāhnamā	کتاب راهنما
mapa (m)	naqše	نقشه
área (f) (~ rural)	mahal	محل
lugar (m)	jā	جا
exotismo (m)	qarāyeb	غرایب
exótico (adj)	qarib	غریب
asombroso (adj)	heyrat angiz	حیرت انگیز
grupo (m)	goruh	گروه
excursión (f)	gardeš	گردش
guía (m) (persona)	rāhnamā-ye tur	راهنمای تور

100. El hotel

hotel (m)	hotel	هتل
motel (m)	motel	متل
de tres estrellas	se setāre	سه ستاره

de cinco estrellas	panj setāre	پنج ستاره
hospedarse (vr)	māndan	ماندن
habitación (f)	otāq	اتاق
habitación (f) individual	otāq-e yeknafare	اتاق یک نفره
habitación (f) doble	otāq-e do nafare	اتاق دو نفره
reservar una habitación	otāq rezerv kardan	اتاق رزرو کردن
media pensión (f)	nim pānsiyon	نیم پانسیون
pensión (f) completa	pānsiyon	پانسیون
con baño	bā vān	با وان
con ducha	bā duš	با دوش
televisión (f) satélite	televiziyon-e māhvārei	تلویزیون ماهواره ای
climatizador (m)	tahviye-ye matbu'	تهویه مطبوع
toalla (f)	howle	حوله
llave (f)	kelid	کلید
administrador (m)	edāre-ye konande	اداره کننده
camarera (f)	mostaxdem	مستخدم
maletero (m)	bārbar	باربر
portero (m)	darbān	دربان
restaurante (m)	resturān	رستوران
bar (m)	bār	بار
desayuno (m)	sobhāne	صبحانه
cena (f)	šām	شام
buffet (m) libre	bufe	بوفه
vestíbulo (m)	lābi	لابی
ascensor (m)	āsānsor	آسانسور
NO MOLESTAR	mozāhem našavid	مزاحم نشوید
PROHIBIDO FUMAR	sigār kešidan mamnu'	سیگار کشیدن ممنوع

EL EQUIPO TÉCNICO. EL TRANSPORTE

El equipo técnico

101. El computador

Español	Transliteración	Persa
ordenador (m)	kāmpiyuter	کامپیوتر
ordenador (m) portátil	lap tāp	لپ تاپ
encender (vt)	rowšan kardan	روشن کردن
apagar (vt)	xāmuš kardan	خاموش کردن
teclado (m)	sahfe kelid	صفحه کلید
tecla (f)	kelid	کلید
ratón (m)	māows	ماوس
alfombrilla (f) para ratón	māows pad	ماوس پد
botón (m)	dokme	دکمه
cursor (m)	makān namā	مکان نما
monitor (m)	monitor	مونیتور
pantalla (f)	safhe	صفحه
disco (m) duro	hārd disk	هارد دیسک
volumen (m) de disco duro	hajm-e hard	حجم هارد
memoria (f)	hāfeze	حافظه
memoria (f) operativa	hāfeze-ye ram	حافظه رم
archivo, fichero (m)	parvande	پرونده
carpeta (f)	puše	پوشه
abrir (vt)	bāz kardan	باز کردن
cerrar (vt)	bastan	بستن
guardar (un archivo)	zaxire kardan	ذخیره کردن
borrar (vt)	hazf kardan	حذف کردن
copiar (vt)	kopi kardan	کپی کردن
ordenar (vt) (~ de A a Z, etc.)	tabaqe bandi kardan	طبقه بندی کردن
transferir (vt)	kopi kardan	کپی کردن
programa (m)	barnāme	برنامه
software (m)	narm afzār	نرم افزار
programador (m)	barnāme-ye nevis	برنامه نویس
programar (vt)	barnāme-nevisi kardan	برنامه نویسی کردن
hacker (m)	haker	هکر
contraseña (f)	kalame-ye obur	کلمه عبور
virus (m)	virus	ویروس
detectar (vt)	peydā kardan	پیدا کردن
octeto, byte (m)	bāyt	بایت

megaocteto (m)	megābāyt	مگابایت
datos (m pl)	dāde-hā	داده ها
base (f) de datos	pāygāh dāde-hā	پایگاه داده ها
cable (m)	kābl	کابل
desconectar (vt)	jodā kardan	جدا کردن
conectar (vt)	vasl kardan	وصل کردن

102. El internet. El correo electrónico

internet (m), red (f)	internet	اینترنت
navegador (m)	morurgar	مرورگر
buscador (m)	motor-e jostoju	موتور جستجو
proveedor (m)	erāe-ye dehande	ارائه دهنده
webmaster (m)	tarrāh-e vebsāyt	طراح وب سایت
sitio (m) web	veb-sāyt	وب سایت
página (f) web	safhe-ye veb	صفحه وب
dirección (f)	nešāni	نشانی
libro (m) de direcciones	daftarče-ye nešāni	دفترچه نشانی
buzón (m)	sanduq-e post	صندوق پست
correo (m)	post	پست
lleno (adj)	por	پر
mensaje (m)	payām	پیام
correo (m) entrante	payāmhā-ye vorudi	پیامهای ورودی
correo (m) saliente	payāmhā-ye xoruji	پیامهای خروجی
expedidor (m)	ferestande	فرستنده
enviar (vt)	ferestādan	فرستادن
envío (m)	ersāl	ارسال
destinatario (m)	girande	گیرنده
recibir (vt)	gereftan	گرفتن
correspondencia (f)	mokātebe	مکاتبه
escribirse con ...	mokātebe kardan	مکاتبه کردن
archivo, fichero (m)	parvande	پرونده
descargar (vt)	dānlod kardan	دانلود کردن
crear (vt)	ijād kardan	ایجاد کردن
borrar (vt)	hazf kardan	حذف کردن
borrado (adj)	hazf šode	حذف شده
conexión (f) (ADSL, etc.)	ertebāt	ارتباط
velocidad (f)	sor'at	سرعت
módem (m)	modem	مودم
acceso (m)	dastyābi	دستیابی
puerto (m)	dargāh	درگاه
conexión (f) (establecer la ~)	ertebāt	ارتباط
conectarse a ...	vasl šodan	وصل شدن

seleccionar (vt)	entexāb kardan	انتخاب کردن
buscar (vt)	jostoju kardan	جستجو کردن

103. La electricidad

electricidad (f)	barq	برق
eléctrico (adj)	barqi	برقی
central (f) eléctrica	nirugāh	نیروگاه
energía (f)	enerži	انرژی
energía (f) eléctrica	niru-ye barq	نیروی برق
bombilla (f)	lāmp	لامپ
linterna (f)	čerāq-e dasti	چراغ دستی
farola (f)	čerāq-e barq	چراغ برق
luz (f)	nur	نور
encender (vt)	rowšan kardan	روشن کردن
apagar (vt)	xāmuš kardan	خاموش کردن
apagar la luz	čerāq rā xāmuš kardan	چراغ را خاموش کردن
quemarse (vr)	suxtan	سوختن
circuito (m) corto	ettesāli	اتصالی
ruptura (f)	sim qat' šode	سیم قطع شده
contacto (m)	tamās	تماس
interruptor (m)	kelid	کلید
enchufe (m)	periz	پریز
clavija (f)	došāxe	دوشاخه
alargador (m)	sim-e sayār	سیم سیار
fusible (m)	fiyuz	فیوز
cable, hilo (m)	sim	سیم
instalación (f) eléctrica	sim keši	سیم کشی
amperio (m)	āmper	آمپر
amperaje (m)	šeddat-e jaryān	شدت جریان
voltio (m)	volt	ولت
voltaje (m)	voltāž	ولتاژ
aparato (m) eléctrico	vasile-ye barqi	وسیله برقی
indicador (m)	šāxes	شاخص
electricista (m)	barq-e kār	برق کار
soldar (vt)	lahim kardan	لحیم کردن
soldador (m)	hoviye	هویه
corriente (f)	jaryān-e barq	جریان برق

104. Las herramientas

instrumento (m)	abzār	ابزار
instrumentos (m pl)	abzār	ابزار
maquinaria (f)	tajhizāt	تجهیزات

martillo (m)	čakoš	چکش
destornillador (m)	pič gušti	پیچ گوشتی
hacha (f)	tabar	تبر
sierra (f)	arre	اره
serrar (vt)	arre kardan	اره کردن
cepillo (m)	rande	رنده
cepillar (vt)	rande kardan	رنده کردن
soldador (m)	hoviye	هویه
soldar (vt)	lahim kardan	لحیم کردن
lima (f)	sowhān	سوهان
tenazas (f pl)	gāzanbor	گازانبر
alicates (m pl)	anbordast	انبردست
escoplo (m)	eskene	اسکنه
broca (f)	sar-matte	سرمته
taladro (m)	matte barqi	مته برقی
taladrar (vi, vt)	surāx kardan	سوراخ کردن
cuchillo (m)	kārd	کارد
navaja (f)	čāqu-ye jibi	چاقوی جیبی
filo (m)	tiqe	تیغه
agudo (adj)	tiz	تیز
embotado (adj)	konad	کند
embotarse (vr)	konad šodan	کند شدن
afilar (vt)	tiz kardan	تیز کردن
perno (m)	pič	پیچ
tuerca (f)	mohre	مهره
filete (m)	šiyār	شیار
tornillo (m)	pič	پیچ
clavo (m)	mix	میخ
cabeza (f) del clavo	sar-e mix	سر میخ
regla (f)	xat keš	خط کش
cinta (f) métrica	metr	متر
nivel (m) de burbuja	tarāz	تراز
lupa (f)	zarre bin	ذره بین
aparato (m) de medida	abzār-e andāzegir-i	ابزار اندازه گیری
medir (vt)	andāze gereftan	اندازه گرفتن
escala (f) (~ métrica)	safhe-ye modarraj	صفحهٔ مدرج
lectura (f)	dastgāh-e xaneš	دستگاه خوانش
compresor (m)	komperesor	کمپرسور
microscopio (m)	mikroskop	میکروسکوپ
bomba (f) (~ de agua)	pomp	پمپ
robot (m)	robāt	روبات
láser (m)	leyzer	لیزر
llave (f) de tuerca	āčār	آچار
cinta (f) adhesiva	navār-e časb	نوار چسب

Español	Transliteración	Persa
cola (f), pegamento (m)	časb	چسب
papel (m) de lija	kāqaz-e sonbāde	کاغذ سنباده
resorte (m)	fanar	فنر
imán (m)	āhan-e robā	آهن ربا
guantes (m pl)	dastkeš	دستکش
cuerda (f)	tanāb	طناب
cordón (m)	band	بند
hilo (m) (~ eléctrico)	sim	سیم
cable (m)	kābl	کابل
almádana (f)	potk	پتک
barra (f)	deylam	دیلم
escalera (f) portátil	nardebān	نردبان
escalera (f) de tijera	nardebān-e sabok	نردبان سبک
atornillar (vt)	pič kardan	پیچ کردن
destornillar (vt)	bāz kardan	باز کردن
apretar (vt)	fešordan	فشردن
pegar (vt)	časbāndan	چسباندن
cortar (vt)	boridan	بریدن
fallo (m)	xarābi	خرابی
reparación (f)	ta'mir	تعمیر
reparar (vt)	ta'mir kardan	تعمیر کردن
regular, ajustar (vt)	tanzim kardan	تنظیم کردن
verificar (vt)	barresi kardan	بررسی کردن
control (m)	barresi	بررسی
lectura (f) (~ del contador)	dastgāh-e xaneš	دستگاه خوانش
fiable (máquina)	motmaen	مطمئن
complicado (adj)	pičide	پیچیده
oxidarse (vr)	zang zadan	زنگ زدن
oxidado (adj)	zang zade	زنگ زده
óxido (m)	zang	زنگ

El transporte

105. El avión

Español	Transliteración	Persa
avión (m)	havāpeymā	هواپیما
billete (m) de avión	belit-e havāpeymā	بلیط هواپیما
compañía (f) aérea	šerkat-e havāpeymāyi	شرکت هواپیمایی
aeropuerto (m)	forudgāh	فرودگاه
supersónico (adj)	māvarā sowt	ماوراء صوت
comandante (m)	kāpitān	کاپیتان
tripulación (f)	xadame	خدمه
piloto (m)	xalabān	خلبان
azafata (f)	mehmāndār-e havāpeymā	مهماندار هواپیما
navegador (m)	nāvbar	ناوبر
alas (f pl)	bāl-hā	بال ها
cola (f)	dam	دم
cabina (f)	kābin	کابین
motor (m)	motor	موتور
tren (m) de aterrizaje	šāssi	شاسی
turbina (f)	turbin	توربین
hélice (f)	parvāne	پروانه
caja (f) negra	ja'be-ye siyāh	جعبه سیاه
timón (m)	farmān	فرمان
combustible (m)	suxt	سوخت
instructivo (m) de seguridad	dasturol'amal	دستورالعمل
respirador (m) de oxígeno	māsk-e oksižen	ماسک اکسیژن
uniforme (m)	oniform	اونیفورم
chaleco (m) salvavidas	jeliqe-ye nejāt	جلیقۀ نجات
paracaídas (m)	čatr-e nejāt	چترنجات
despegue (m)	parvāz	پرواز
despegar (vi)	parvāz kardan	پرواز کردن
pista (f) de despegue	bānd-e forudgāh	باند فرودگاه
visibilidad (f)	meydān did	میدان دید
vuelo (m)	parvāz	پرواز
altura (f)	ertefā'	ارتفاع
pozo (m) de aire	čāle-ye havāyi	چاله هوایی
asiento (m)	jā	جا
auriculares (m pl)	guši	گوشی
mesita (f) plegable	sini-ye tāšow	سینی تاشو
ventana (f)	panjere	پنجره
pasillo (m)	rāhrow	راهرو

106. El tren

Español	Transliteración	Persa
tren (m)	qatār	قطار
tren (m) de cercanías	qatār-e barqi	قطار برقی
tren (m) rápido	qatār-e sari'osseyr	قطار سریع السیر
locomotora (f) diésel	lokomotiv-e dizel	لوکوموتیو دیزل
tren (m) de vapor	lokomotiv-e boxar	لوکوموتیو بخار
coche (m)	vāgon	واگن
coche (m) restaurante	vāgon-e resturān	واگن رستوران
rieles (m pl)	reyl-hā	ریل ها
ferrocarril (m)	rāh āhan	راه آهن
traviesa (f)	reyl-e band	ریل بند
plataforma (f)	sakku-ye rāh-āhan	سکوی راه آهن
vía (f)	masir	مسیر
semáforo (m)	nešanar	نشانبر
estación (f)	istgāh	ایستگاه
maquinista (m)	rānande	راننده
maletero (m)	bārbar	باربر
mozo (m) del vagón	rāhnamā-ye qatār	راهنمای قطار
pasajero (m)	mosāfer	مسافر
revisor (m)	kontorol či	کنترل چی
corredor (m)	rāhrow	راهرو
freno (m) de urgencia	tormoz-e ezterāri	ترمز اضطراری
compartimiento (m)	kupe	کوپه
litera (f)	taxt-e kupe	تخت کوپه
litera (f) de arriba	taxt-e bālā	تخت بالا
litera (f) de abajo	taxt-e pāyin	تخت پایین
ropa (f) de cama	raxt-e xāb	رخت خواب
billete (m)	belit	بلیط
horario (m)	barnāme	برنامه
pantalla (f) de información	barnāme-ye zamāni	برنامه زمانی
partir (vi)	tark kardan	ترک کردن
partida (f) (del tren)	harekat	حرکت
llegar (tren)	residan	رسیدن
llegada (f)	vorud	ورود
llegar en tren	bā qatār āmadan	با قطار آمدن
tomar el tren	savār-e qatār šodan	سوار قطار شدن
bajar del tren	az qatār piyāde šodan	از قطار پیاده شدن
descarrilamiento (m)	sānehe	سانحه
descarrilarse (vr)	az xat xārej šodan	از خط خارج شدن
tren (m) de vapor	lokomotiv-e boxar	لوکوموتیو بخار
fogonero (m)	ātaškār	آتشکار
hogar (m)	ātašdān	آتشدان
carbón (m)	zoqāl sang	زغال سنگ

107. El barco

barco, buque (m)	kešti	کشتی
navío (m)	kešti	کشتی
buque (m) de vapor	kešti-ye boxāri	کشتی بخاری
motonave (f)	qāyeq-e rudxāne	قایق رودخانه
trasatlántico (m)	kešti-ye tafrihi	کشتی تفریحی
crucero (m)	razm nāv	رزم ناو
yate (m)	qāyeq-e tafrihi	قایق تفریحی
remolcador (m)	yadak keš	یدک کش
barcaza (f)	kešti-ye bārkeše yadaki	کشتی بارکش یدکی
ferry (m)	kešti-ye farābar	کشتی فرابر
velero (m)	kešti-ye bādbāni	کشتی بادبانی
bergantín (m)	košti dozdān daryā-yi	کشتی دزدان دریایی
rompehielos (m)	kešti-ye yaxšekan	کشتی یخ شکن
submarino (m)	zirdaryāyi	زیردریایی
bote (m) de remo	qāyeq	قایق
bote (m)	qāyeq-e tafrihi	قایق تفریحی
bote (m) salvavidas	qāyeq-e nejāt	قایق نجات
lancha (f) motora	qāyeq-e motori	قایق موتوری
capitán (m)	kāpitān	کاپیتان
marinero (m)	malavān	ملوان
marino (m)	malavān	ملوان
tripulación (f)	xadame	خدمه
contramaestre (m)	sar malavān	سر ملوان
grumete (m)	šāgerd-e malavān	شاگرد ملوان
cocinero (m) de abordo	āšpaz-e kešti	آشپز کشتی
médico (m) del buque	pezešk-e kešti	پزشک کشتی
cubierta (f)	arše-ye kešti	عرشۀ کشتی
mástil (m)	dakal	دکل
vela (f)	bādbān	بادبان
bodega (f)	anbār	انبار
proa (f)	sine-ye kešti	سینه کشتی
popa (f)	aqab kešti	عقب کشتی
remo (m)	pāru	پارو
hélice (f)	parvāne	پروانه
camarote (m)	otāq-e kešti	اتاق کشتی
sala (f) de oficiales	otāq-e afsarān	اتاق افسران
sala (f) de máquinas	motor xāne	موتور خانه
puente (m) de mando	pol-e farmāndehi	پل فرماندهی
sala (f) de radio	kābin-e bisim	کابین بی سیم
onda (f)	mowj	موج
cuaderno (m) de bitácora	roxdād nāme	رخداد نامه
anteojo (m)	teleskop	تلسکوپ
campana (f)	nāqus	ناقوس

bandera (f)	parčam	پرچم
cabo (m) (maroma)	tanāb	طناب
nudo (m)	gereh	گره
pasamano (m)	narde	نرده
pasarela (f)	pol	پل
ancla (f)	langar	لنگر
levar ancla	langar kešidan	لنگر کشیدن
echar ancla	langar andāxtan	لنگر انداختن
cadena (f) del ancla	zanjir-e langar	زنجیر لنگر
puerto (m)	bandar	بندر
embarcadero (m)	eskele	اسکله
amarrar (vt)	pahlu gereftan	پهلو گرفتن
desamarrar (vt)	tark kardan	ترک کردن
viaje (m)	mosāferat	مسافرت
crucero (m) (viaje)	safar-e daryāyi	سفر دریایی
derrota (f) (rumbo)	masir	مسیر
itinerario (m)	masir	مسیر
canal (m) navegable	kešti-ye ru	کشتی رو
bajío (m)	mahall-e kam omq	محل کم عمق
encallar (vi)	be gel nešastan	به گل نشستن
tempestad (f)	tufān	طوفان
señal (f)	alāmat	علامت
hundirse (vr)	qarq šodan	غرق شدن
¡Hombre al agua!	kas-i dar hāl-e qarq šodan-ast!	!کسی در حال غرق شدن است
SOS	sos	SOS
aro (m) salvavidas	kamarband-e nejāt	کمربند نجات

108. El aeropuerto

aeropuerto (m)	forudgāh	فرودگاه
avión (m)	havāpeymā	هواپیما
compañía (f) aérea	šerkat-e havāpeymāyi	شرکت هواپیمایی
controlador (m) aéreo	ma'mur-e kontorol-e terāfik-e havāyi	مأمور کنترل ترافیک هوایی
despegue (m)	azimat	عزیمت
llegada (f)	vorud	ورود
llegar (en avión)	residan	رسیدن
hora (f) de salida	zamān-e parvāz	زمان پرواز
hora (f) de llegada	zamān-e vorud	زمان ورود
retrasarse (vr)	ta'xir kardan	تأخیر کردن
retraso (m) de vuelo	ta'xir-e parvāz	تأخیر پرواز
pantalla (f) de información	tāblo-ye ettelā'āt	تابلوی اطلاعات
información (f)	ettelā'āt	اطلاعات

anunciar (vt)	e'lām kardan	اعلام کردن
vuelo (m)	parvāz	پرواز
aduana (f)	gomrok	گمرک
aduanero (m)	ma'mur-e gomrok	مأمور گمرک
declaración (f) de aduana	ežhār-nāme	اظهارنامه
rellenar (vt)	por kardan	پر کردن
rellenar la declaración	ezhār-nāme rā por kardan	اظهارنامه را پر کردن
control (m) de pasaportes	kontorol-e gozarnāme	کنترل گذرنامه
equipaje (m)	bār	بار
equipaje (m) de mano	bār-e dasti	بار دستی
carrito (m) de equipaje	čarx-e hamle bar	چرخ حمل بار
aterrizaje (m)	forud	فرود
pista (f) de aterrizaje	bānd-e forudgāh	باند فرودگاه
aterrizar (vi)	nešastan	نشستن
escaleras (f pl) (de avión)	pellekān	پلکان
facturación (f) (check-in)	ček in	چک این
mostrador (m) de facturación	bāje-ye kontorol	باجه کنترل
hacer el check-in	čekin kardan	چکاین کردن
tarjeta (f) de embarque	kārt-e parvāz	کارت پرواز
puerta (f) de embarque	gi-yat xoruj	گیت خروج
tránsito (m)	terānzit	ترانزیت
esperar (aguardar)	montazer budan	منتظر بودن
zona (f) de preembarque	tālār-e entezār	تالار انتظار
despedir (vt)	badraqe kardan	بدرقه کردن
despedirse (vr)	xodāhāfezi kardan	خداحافظی کردن

Acontecimentos de la vida

109. Los días festivos. Los eventos

fiesta (f)	jašn	جشن
fiesta (f) nacional	eyd-e melli	عید ملی
día (m) de fiesta	ruz-e jašn	روز جشن
celebrar (vt)	jašn gereftan	جشن گرفتن
evento (m)	vāqe'e	واقعه
medida (f)	ruydād	رویداد
banquete (m)	ziyāfat	ضیافت
recepción (f)	ziyāfat	ضیافت
festín (m)	jašn	جشن
aniversario (m)	sālgard	سالگرد
jubileo (m)	sālgard	سالگرد
Año (m) Nuevo	sāl-e now	سال نو
¡Feliz Año Nuevo!	sāl-e now mobārak	سال نو مبارک
Papá Noel (m)	bābā noel	بابا نوئل
Navidad (f)	kerismas	کریسمس
¡Feliz Navidad!	kerismas mobārak!	کریسمس مبارک!
árbol (m) de Navidad	kāj kerismas	کاج کریسمس
fuegos (m pl) artificiales	ātaš-e bāzi	آتش بازی
boda (f)	arusi	عروسی
novio (m)	dāmād	داماد
novia (f)	arus	عروس
invitar (vt)	da'vat kardan	دعوت کردن
tarjeta (f) de invitación	da'vatnāme	دعوتنامه
invitado (m)	mehmān	مهمان
visitar (vt) (a los amigos)	be mehmāni raftan	به مهمانی رفتن
recibir a los invitados	az mehmānān esteqbāl kardan	از مهمانان استقبال کردن
regalo (m)	hedye	هدیه
regalar (vt)	hadye dādan	هدیه دادن
recibir regalos	hediye gereftan	هدیه گرفتن
ramo (m) de flores	daste-ye gol	دسته گل
felicitación (f)	tabrik	تبریک
felicitar (vt)	tabrik goftan	تبریک گفتن
tarjeta (f) de felicitación	kārt-e tabrik	کارت تبریک
enviar una tarjeta	kārt-e tabrik ferestādan	کارت تبریک فرستادن
recibir una tarjeta	kārt-e tabrik gereftan	کارت تبریک گرفتن

brindis (m)	be salāmati-ye kas-i nušidan	به سلامتی کسی نوشیدن
ofrecer (~ una copa)	pazirāyi kardan	پذیرایی کردن
champaña (f)	šāmpāyn	شامپاین
divertirse (vr)	šādi kardan	شادی کردن
diversión (f)	šādi	شادی
alegría (f) (emoción)	maserrat	مسرت
baile (m)	raqs	رقص
bailar (vi, vt)	raqsidan	رقصیدن
vals (m)	raqs-e vāls	رقص والس
tango (m)	raqs tāngo	رقص تانگو

110. Los funerales. El entierro

cementerio (m)	qabrestān	قبرستان
tumba (f)	qabr	قبر
cruz (f)	salib	صلیب
lápida (f)	sang-e qabr	سنگ قبر
verja (f)	hesār	حصار
capilla (f)	kelisā-ye kučak	کلیسای کوچک
muerte (f)	marg	مرگ
morir (vi)	mordan	مردن
difunto (m)	marhum	مرحوم
luto (m)	azā	عزا
enterrar (vt)	dafn kardan	دفن کردن
funeraria (f)	xadamat-e kafno dafn	خدمات کفن ودفن
entierro (m)	tašyi-'e jenāze	تشییع جنازه
corona (f) funeraria	tāj-e gol	تاج گل
ataúd (m)	tābut	تابوت
coche (m) fúnebre	na'š keš	نعش کش
mortaja (f)	kafan	کفن
cortejo (m) fúnebre	tašyi-'e jenāze	تشییع جنازه
urna (f) funeraria	zarf-e xākestar-e morde	ظرف خاکستر مرده
crematorio (m)	morde suz xāne	مرده سوز خانه
necrología (f)	āgahi-ye tarhim	آگهی ترحیم
llorar (vi)	gerye kardan	گریه کردن
sollozar (vi)	zār zār gerye kardan	زار زارگریه کردن

111. La guerra. Los soldados

sección (f)	daste	دسته
compañía (f)	goruhān	گروهان
regimiento (m)	hang	هنگ
ejército (m)	arteš	ارتش
división (f)	laškar	لشکر

destacamento (m)	daste	دسته
hueste (f)	laškar	لشكر
soldado (m)	sarbāz	سرباز
oficial (m)	afsar	افسر
soldado (m) raso	sarbāz	سرباز
sargento (m)	goruhbān	گروهبان
teniente (m)	sotvān	ستوان
capitán (m)	kāpitān	كاپيتان
mayor (m)	sargord	سرگرد
coronel (m)	sarhang	سرهنگ
general (m)	ženerāl	ژنرال
marino (m)	malavān	ملوان
capitán (m)	kāpitān	كاپيتان
contramaestre (m)	sar malavān	سر ملوان
artillero (m)	tupči	توپچی
paracaidista (m)	sarbāz-e čatrbāz	سرباز چترباز
piloto (m)	xalabān	خلبان
navegador (m)	nāvbar	ناور
mecánico (m)	mekānik	مكانيك
zapador (m)	mohandes estehkāmāt	مهندس استحكامات
paracaidista (m)	čatr bāz	چترباز
explorador (m)	ettelāʻāti	اطلاعاتی
francotirador (m)	tak tir andāz	تک تیر انداز
patrulla (f)	gašt	گشت
patrullar (vi, vt)	gašt zadan	گشت زدن
centinela (m)	negahbān	نگهبان
guerrero (m)	jangju	جنگجو
patriota (m)	mihan parast	ميهن پرست
héroe (m)	qahremān	قهرمان
heroína (f)	qahremān-e zan	قهرمان زن
traidor (m)	xāen	خائن
traicionar (vt)	xiyānat kardan	خيانت كردن
desertor (m)	farāri	فراری
desertar (vi)	farāri budan	فراری بودن
mercenario (m)	mozdur	مزدور
recluta (m)	sarbāz-e jadid	سرباز جديد
voluntario (m)	dāvtalab	داوطلب
muerto (m)	morde	مرده
herido (m)	zaxmi	زخمی
prisionero (m)	asir	اسير

112. La guerra. El ámbito militar. Unidad 1

guerra (f)	jang	جنگ
estar en guerra	jangidan	جنگیدن

guerra (f) civil	jang-e dāxeli	جنگ داخلی
pérfidamente (adv)	xāenāne	خائنانه
declaración (f) de guerra	e'lān-e jang	اعلان جنگ
declarar (~ la guerra)	e'lān kardan	اعلان کردن
agresión (f)	tajāvoz	تجاوز
atacar (~ a un país)	hamle kardan	حمله کردن
invadir (vt)	tajāvoz kardan	تجاوز کردن
invasor (m)	tajāvozgar	تجاوزگر
conquistador (m)	fāteh	فاتح
defensa (f)	defā'	دفاع
defender (vt)	defā' kardan	دفاع کردن
defenderse (vr)	az xod defā' kardan	از خود دفاع کردن
enemigo (m)	došman	دشمن
adversario (m)	moxālef	مخالف
enemigo (adj)	došman	دشمن
estrategia (f)	rāhbord	راهبرد
táctica (f)	tāktik	تاکتیک
orden (f)	farmān	فرمان
comando (m)	dastur	دستور
ordenar (vt)	farmān dādan	فرمان دادن
misión (f)	ma'muriyat	مأموریت
secreto (adj)	mahramāne	محرمانه
batalla (f)	jang	جنگ
combate (m)	nabard	نبرد
ataque (m)	hamle	حمله
asalto (m)	yureš	یورش
tomar por asalto	yureš bordan	یورش بردن
asedio (m), sitio (m)	mohāsere	محاصره
ofensiva (f)	hamle	حمله
tomar la ofensiva	hamle kardan	حمله کردن
retirada (f)	aqab nešini	عقب نشینی
retirarse (vr)	aqab nešini kardan	عقب نشینی کردن
envolvimiento (m)	mohāsere	محاصره
cercar (vt)	mohāsere kardan	محاصره کردن
bombardeo (m)	bombārān-e havāyi	بمباران هوایی
lanzar una bomba	bomb āndaxtan	بمب انداختن
bombear (vt)	bombārān kardan	بمباران کردن
explosión (f)	enfejār	انفجار
tiro (m), disparo (m)	tirandāzi	تیراندازی
disparar (vi)	tirandāzi kardan	تیراندازی کردن
tiro (m) (de artillería)	tirandāzi	تیراندازی
apuntar a …	nešāne raftan	نشانه رفتن
encarar (apuntar)	šellik kardan	شلیک کردن

alcanzar (el objetivo)	residan	رسیدن
hundir (vt)	qarq šodan	غرق شدن
brecha (f) (~ en el casco)	surāx	سوراخ
hundirse (vr)	qarq šodan	غرق شدن
frente (m)	jebhe	جبهه
evacuación (f)	taxliye	تخلیه
evacuar (vt)	taxliye kardan	تخلیه کردن
trinchera (f)	sangar	سنگر
alambre (m) de púas	sim-e xārdār	سیم خاردار
barrera (f) (~ antitanque)	hesār	حصار
torre (f) de vigilancia	borj	برج
hospital (m)	bimārestān-e nezāmi	بیمارستان نظامی
herir (vt)	majruh kardan	مجروح کردن
herida (f)	zaxm	زخم
herido (m)	zaxmi	زخمی
recibir una herida	zaxmi šodan	زخمی شدن
grave (herida)	zaxm-e saxt	زخم سخت

113. La guerra. El ámbito militar. Unidad 2

cautiverio (m)	esārat	اسارت
capturar (vt)	be esārat gereftan	به اسارت گرفتن
estar en cautiverio	dar esārat budan	در اسارت بودن
caer prisionero	be esārat oftādan	به اسارت افتادن
campo (m) de concentración	ordugāh-e kār-e ejbāri	اردوگاه کار اجباری
prisionero (m)	asir	اسیر
escapar (de cautiverio)	farār kardan	فرار کردن
traicionar (vt)	xiyānat kardan	خیانت کردن
traidor (m)	xāen	خائن
traición (f)	xiyānat	خیانت
fusilar (vt)	tirbārān kardan	تیرباران کردن
fusilamiento (m)	tirbārān	تیرباران
equipo (m) (uniforme, etc.)	uniform	یونیفرم
hombrera (f)	daraje-ye sarduši	درجه سردوشی
máscara (f) antigás	māsk-e zedd-e gāz	ماسک ضد گاز
radio transmisor (m)	dastgāh-e bisim	دستگاه بی سیم
cifra (f) (código)	ramz	رمز
conspiración (f)	mahramāne budan	محرمانه بودن
contraseña (f)	ramz	رمز
mina (f) terrestre	min	مین
minar (poner minas)	min gozāštan	مین گذاشتن
campo (m) minado	meydān-e min	میدان مین
alarma (f) aérea	āžir-e havāyi	آژیر هوایی
alarma (f)	āžir	آژیر

señal (f)	alāmat	علامت
cohete (m) de señales	monavvar	منور
estado (m) mayor	setād	ستاد
reconocimiento (m)	šenāsāyi	شناسایی
situación (f)	vaz'iyat	وضعیت
informe (m)	gozāreš	گزارش
emboscada (f)	kamin	کمین
refuerzo (m)	taqviyat	تقویت
blanco (m)	hadaf giri	هدف گیری
terreno (m) de prueba	meydān-e tir	میدان تیر
maniobras (f pl)	mānovr	مانور
pánico (m)	vahšat	وحشت
devastación (f)	xarābi	خرابی
destrucciones (f pl)	xarābi-hā	خرابی ها
destruir (vt)	xarāb kardan	خراب کردن
sobrevivir (vi, vt)	zende māndan	زنده ماندن
desarmar (vt)	xal'-e selāh kardan	خلع سلاح کردن
manejar (un arma)	be kār bordan	به کار بردن
¡Firmes!	xabardār!	خبردار!
¡Descanso!	āzād!	آزاد!
hazaña (f)	delāvari	دلاوری
juramento (m)	sowgand	سوگند
jurar (vt)	sowgand xordan	سوگند خوردن
condecoración (f)	pādāš	پاداش
condecorar (vt)	medāl dādan	مدال دادن
medalla (f)	medāl	مدال
orden (m) (~ de Merito)	nešān	نشان
victoria (f)	piruzi	پیروزی
derrota (f)	šekast	شکست
armisticio (m)	ātaš bas	آتش بس
bandera (f)	parčam	پرچم
gloria (f)	eftexār	افتخار
desfile (m) militar	reže	رژه
marchar (desfilar)	reže raftan	رژه رفتن

114. Las armas

arma (f)	selāh	سلاح
arma (f) de fuego	aslahe-ye garm	اسلحهٔ گرم
arma (f) blanca	aslahe-ye sard	اسلحهٔ سرد
arma (f) química	taslihāt-e šimiyāyi	تسلیحات شیمیایی
nuclear (adj)	haste i	هسته ای
arma (f) nuclear	taslihāt-e hastei	تسلیحات هسته ای
bomba (f)	bomb	بمب

bomba (f) atómica	bomb-e atomi	بمب اتمی
pistola (f)	kolt	کلت
fusil (m)	tofang	تفنگ
metralleta (f)	mosalsal-e xodkār	مسلسل خودکار
ametralladora (f)	mosalsal	مسلسل
boca (f)	sar-e lule-ye tofang	سر لوله تفنگ
cañón (m) (del arma)	lule-ye tofang	لوله تفنگ
calibre (m)	kālibr	کالیبر
gatillo (m)	māše	ماشه
alza (f)	nešāne ravi	نشانه روی
cargador (m)	xešāb	خشاب
culata (f)	qondāq	قنداق
granada (f) de mano	nārenjak	نارنجک
explosivo (m)	mādde-ye monfajere	مادهٔ منفجره
bala (f)	golule	گلوله
cartucho (m)	fešang	فشنگ
carga (f)	mohemmāt	مهمات
pertrechos (m pl)	mohemmāt	مهمات
bombardero (m)	bomb-afkan	بمب‌افکن
avión (m) de caza	jangande	جنگنده
helicóptero (m)	helikopter	هلیکوپتر
antiaéreo (m)	tup-e zedd-e havāyi	توپ ضد هوایی
tanque (m)	tānk	تانک
cañón (m) (de un tanque)	tup	توپ
artillería (f)	tupxāne	توپخانه
cañón (m) (arma)	tofang	تفنگ
dirigir (un misil, etc.)	šellik kardan	شلیک کردن
mortero (m)	xompāre andāz	خمپاره انداز
bomba (f) de mortero	xompāre	خمپاره
obús (m)	xompāre	خمپاره
trozo (m) de obús	tarkeš	ترکش
submarino (m)	zirdaryāyi	زیردریایی
torpedo (m)	eždar	اژدر
misil (m)	mušak	موشک
cargar (pistola)	por kardan	پر کردن
tirar (vi)	tirandāzi kardan	تیراندازی کردن
apuntar a …	nešāne raftan	نشانه رفتن
bayoneta (f)	sarneyze	سرنیزه
espada (f) (duelo a ~)	šamšir	شمشیر
sable (m)	šamšir	شمشیر
lanza (f)	neyze	نیزه
arco (m)	kamān	کمان
flecha (f)	tir	تیر
mosquete (m)	tofang fetile-i	تفنگ فتیله‌ای
ballesta (f)	kamān zanburak-i	کمان زنبورکی

115. Los pueblos antiguos

primitivo (adj)	avvaliye	اولیه
prehistórico (adj)	piš az tārix	پیش از تاریخ
antiguo (adj)	qadimi	قدیمی
Edad (f) de Piedra	asr-e hajar	عصر حجر
Edad (f) de Bronce	asr-e mafraq	عصر مفرغ
Edad (f) de Hielo	dowre-ye yaxbandān	دورهٔ یخبندان
tribu (f)	qabile	قبیله
caníbal (m)	ādam xār	آدم خوار
cazador (m)	šekārči	شکارچی
cazar (vi, vt)	šekār kardan	شکار کردن
mamut (m)	māmut	ماموت
caverna (f)	qār	غار
fuego (m)	ātaš	آتش
hoguera (f)	ātaš	آتش
pintura (f) rupestre	qār negāre	غار نگاره
herramienta (f), útil (m)	abzār-e kār	ابزار کار
lanza (f)	neyze	نیزه
hacha (f) de piedra	tabar-e sangi	تبر سنگی
estar en guerra	jangidan	جنگیدن
domesticar (vt)	rām kardan	رام کردن
ídolo (m)	bot	بت
adorar (vt)	parastidan	پرستیدن
superstición (f)	xorāfe	خرافه
rito (m)	marāsem	مراسم
evolución (f)	takāmol	تکامل
desarrollo (m)	pišraft	پیشرفت
desaparición (f)	enqerāz	انقراض
adaptarse (vr)	sāzgār šodan	سازگار شدن
arqueología (f)	bāstān-šenāsi	باستان شناسی
arqueólogo (m)	bāstān-šenās	باستان شناس
arqueológico (adj)	bāstān-šenāsi	باستان شناسی
sitio (m) de excavación	mahall-e haffārihā	محل حفاری ها
excavaciones (f pl)	haffāri-hā	حفاری ها
hallazgo (m)	yāfteh	یافته
fragmento (m)	qet'e	قطعه

116. La Edad Media

pueblo (m)	mellat	ملت
pueblos (m pl)	mellat-hā	ملت ها
tribu (f)	qabile	قبیله
tribus (f pl)	qabāyel	قبایل
bárbaros (m pl)	barbar-hā	بربر ها

Español	Persa (transliteración)	Persa
galos (m pl)	gul-hā	گل ها
godos (m pl)	gat-hā	گت ها
eslavos (m pl)	eslāv-hā	اسلاو ها
vikingos (m pl)	vāyking-hā	وایکینگ ها
romanos (m pl)	rumi-hā	رومی ها
romano (adj)	rumi	رومی
bizantinos (m pl)	bizānsi-hā	بیزانسی ها
Bizancio (m)	bizāns	بیزانس
bizantino (adj)	bizānsi	بیزانسی
emperador (m)	emperātur	امپراطور
jefe (m)	rahbar	رهبر
poderoso (adj)	moqtader	مقتدر
rey (m)	šāh	شاه
gobernador (m)	hākem	حاکم
caballero (m)	šovālie	شوالیه
señor (m) feudal	feodāl	فئودال
feudal (adj)	feodāli	فئودالی
vasallo (m)	ra'yat	رعیت
duque (m)	duk	دوک
conde (m)	kont	کنت
barón (m)	bāron	بارون
obispo (m)	osqof	اسقف
armadura (f)	zereh	زره
escudo (m)	separ	سپر
espada (f) (danza de ~s)	šamšir	شمشیر
visera (f)	labe-ye kolāh	لبه کلاه
cota (f) de malla	jowšan	جوشن
cruzada (f)	jang-e salibi	جنگ صلیبی
cruzado (m)	jangju-ye salibi	جنگجوی صلیبی
territorio (m)	qalamrow	قلمرو
atacar (~ a un país)	hamle kardan	حمله کردن
conquistar (vt)	fath kardan	فتح کردن
ocupar (invadir)	ešqāl kardan	اشغال کردن
asedio (m), sitio (m)	mohāsere	محاصره
sitiado (adj)	mahsur	محصور
asediar, sitiar (vt)	mohāsere kardan	محاصره کردن
inquisición (f)	taftiš-e aqāyed	تفتیش عقاید
inquisidor (m)	mofatteš	مفتش
tortura (f)	šekanje	شکنجه
cruel (adj)	bi rahm	بی رحم
hereje (m)	molhed	ملحد
herejía (f)	ertedād	ارتداد
navegación (f) marítima	daryānavardi	دریانوردی
pirata (m)	dozd-e daryāyi	دزد دریایی
piratería (f)	dozdi-ye daryāyi	دزدی دریایی

abordaje (m)	hamle ruye arše	حمله روی عرشه
botín (m)	qanimat	غنیمت
tesoros (m pl)	ganj	گنج
descubrimiento (m)	kašf	کشف
descubrir (tierras nuevas)	kašf kardan	کشف کردن
expedición (f)	safar	سفر
mosquetero (m)	tofangdār	تفنگدار
cardenal (m)	kārdināl	کاردینال
heráldica (f)	nešān-šenāsi	نشان شناسی
heráldico (adj)	manquš	منقوش

117. El líder. El jefe. Las autoridades

rey (m)	šāh	شاه
reina (f)	maleke	ملکه
real (adj)	šāhi	شاهی
reino (m)	pādšāhi	پادشاهی
príncipe (m)	šāhzāde	شاهزاده
princesa (f)	pranses	پرنسس
presidente (m)	ra'is jomhur	رئیس جمهور
vicepresidente (m)	mo'āven-e rais-e jomhur	معاون رئیس جمهور
senador (m)	senātor	سناتور
monarca (m)	pādšāh	پادشاه
gobernador (m)	hākem	حاکم
dictador (m)	diktātor	دیکتاتور
tirano (m)	zālem	ظالم
magnate (m)	najib zāde	نجیب زاده
director (m)	modir	مدیر
jefe (m)	ra'is	رئیس
gerente (m)	modir	مدیر
amo (m)	ra'is	رئیس
dueño (m)	sāheb	صاحب
jefe (m), líder (m)	rahbar	رهبر
jefe (m) (~ de delegación)	ra'is	رئیس
autoridades (f pl)	maqāmāt	مقامات
superiores (m pl)	roasā	رؤسا
gobernador (m)	farmāndār	فرماندار
cónsul (m)	konsul	کنسول
diplomático (m)	diplomāt	دیپلمات
alcalde (m)	šahrdār	شهردار
sheriff (m)	kalāntar	کلانتر
emperador (m)	emperātur	امپراطور
zar (m)	tezār	تزار
faraón (m)	fer'own	فرعون
jan (m), kan (m)	xān	خان

118. Violar la ley. Los criminales. Unidad 1

bandido (m)	rāhzan	راهزن
crimen (m)	jenāyat	جنایت
criminal (m)	jenāyatkār	جنایتکار

ladrón (m)	dozd	دزد
robar (vt)	dozdidan	دزدیدن
robo (m) (actividad)	dozdi	دزدی
robo (m) (hurto)	serqat	سرقت

secuestrar (vt)	ādam robudan	آدم ربودن
secuestro (m)	ādam robāyi	آدم ربایی
secuestrador (m)	ādam robā	آدم ربا

rescate (m)	bāj	باج
exigir un rescate	bāj xāstan	باج خواستن

robar (vt)	serqat kardan	سرقت کردن
robo (m)	serqat	سرقت
atracador (m)	qāratgar	غارتگر

extorsionar (vt)	axxāzi kardan	اخاذی کردن
extorsionista (m)	axxāz	اخاذ
extorsión (f)	axxāzi	اخاذی

matar, asesinar (vt)	koštan	کشتن
asesinato (m)	qatl	قتل
asesino (m)	qātel	قاتل

tiro (m), disparo (m)	tirandāzi	تیراندازی
disparar (vi)	tirandāzi kardan	تیراندازی کردن
matar (a tiros)	bā tir zadan	با تیر زدن
tirar (vi)	tirandāzi kardan	تیراندازی کردن
tiroteo (m)	tirandāzi	تیراندازی

incidente (m)	vāqe'e	واقعه
pelea (f)	zad-o xord	زد و خورد
¡Socorro!	komak!	کمک!
víctima (f)	qorbāni	قربانی

perjudicar (vt)	xesārat resāndan	خسارت رساندن
daño (m)	xesārat	خسارت
cadáver (m)	jasad	جسد
grave (un delito ~)	vaxim	وخیم

atacar (vt)	hamle kardan	حمله کردن
pegar (golpear)	zadan	زدن
apporear (vt)	kotak zadan	کتک زدن
quitar (robar)	bezur gereftan	به زور گرفتن
acuchillar (vt)	čāqu zadan	چاقو زدن
mutilar (vt)	ma'yub kardan	معیوب کردن
herir (vt)	majruh kardan	مجروح کردن
chantaje (m)	šāntāž	شانتاژ
hacer chantaje	axxāzi kardan	اخاذی کردن

chantajista (m)	axxāz	اخاذ
extorsión (f)	axxāzi	اخاذی
extorsionador (m)	axxāz	اخاذ
gángster (m)	gāngester	گانگستر
mafia (f)	māfiyā	مافیا
carterista (m)	jib bor	جیب بر
ladrón (m) de viviendas	sāreq	سارق
contrabandismo (m)	qāčāq	قاچاق
contrabandista (m)	qāčāqči	قاچاقچی
falsificación (f)	qollābi	قلابی
falsificar (vt)	ja'l kardan	جعل کردن
falso (falsificado)	ja'li	جعلی

119. Violar la ley. Los criminales. Unidad 2

violación (f)	tajāvoz be nāmus	تجاوز به ناموس
violar (vt)	tajāvoz kardan	تجاوز کردن
violador (m)	zenā konande	زنا کننده
maniaco (m)	majnun	مجنون
prostituta (f)	fāheše	فاحشه
prostitución (f)	fāhešegi	فاحشگی
chulo (m), proxeneta (m)	jākeš	جاکش
drogadicto (m)	mo'tād	معتاد
narcotraficante (m)	forušande-ye mavādd-e moxadder	فروشندهٔ مواد مخدر
hacer explotar	monfajer kardan	منفجر کردن
explosión (f)	enfejār	انفجار
incendiar (vt)	ātaš zadan	آتش زدن
incendiario (m)	ātaš afruz	آتش افروز
terrorismo (m)	terorism	تروریسم
terrorista (m)	terorist	تروریست
rehén (m)	gerowgān	گروگان
estafar (vt)	farib dādan	فریب دادن
estafa (f)	farib	فریب
estafador (m)	hoqqe bāz	حقه باز
sobornar (vt)	rešve dādan	رشوه دادن
soborno (m) (delito)	rešve	رشوه
soborno (m) (dinero, etc.)	rešve	رشوه
veneno (m)	zahr	زهر
envenenar (vt)	masmum kardan	مسموم کردن
envenenarse (vr)	masmum šodan	مسموم شدن
suicidio (m)	xod-koši	خودکشی
suicida (m, f)	xod-koši konande	خودکشی کننده
amenazar (vt)	tahdid kardan	تهدید کردن

amenaza (f)	tahdid	تهديد
atentar (vi)	su'-e qasd kardan	سوء قصد کردن
atentado (m)	su'-e qasd	سوء قصد
robar (un coche)	robudan	ربودن
secuestrar (un avión)	havāpeymā robāyi	هواپیما ربایی
venganza (f)	enteqām	انتقام
vengar (vt)	enteqām gereftan	انتقام گرفتن
torturar (vt)	šekanje dādan	شکنجه دادن
tortura (f)	šekanje	شکنجه
atormentar (vt)	aziyat kardan	اذیت کردن
pirata (m)	dozd-e daryāyi	دزد دریایی
gamberro (m)	owbāš	اوباش
armado (adj)	mosallah	مسلح
violencia (f)	xošunat	خشونت
ilegal (adj)	qeyr-e qānuni	غیر قانونی
espionaje (m)	jāsusi	جاسوسی
espiar (vi, vt)	jāsusi kardan	جاسوسی کردن

120. La policía. La ley. Unidad 1

justicia (f)	edālat	عدالت
tribunal (m)	dādgāh	دادگاه
juez (m)	qāzi	قاضی
jurados (m pl)	hey'at-e monsefe	هیئت منصفه
tribunal (m) de jurados	hey'at-e monsefe	هیئت منصفه
juzgar (vt)	mohākeme kardan	محاکمه کردن
abogado (m)	vakil	وکیل
acusado (m)	mottaham	متهم
banquillo (m) de los acusados	jāygāh-e mottaham	جایگاه متهم
inculpación (f)	ettehām	اتهام
inculpado (m)	mottaham	متهم
sentencia (f)	hokm	حکم
sentenciar (vt)	mahkum kardan	محکوم کردن
culpable (m)	moqasser	مقصر
castigar (vt)	mojāzāt kardan	مجازات کردن
castigo (m)	mojāzāt	مجازات
multa (f)	jarime	جریمه
cadena (f) perpetua	habs-e abad	حبس ابد
pena (f) de muerte	e'dām	اعدام
silla (f) eléctrica	sandali-ye barqi	صندلی برقی
horca (f)	čube-ye dār	چوبه دار
ejecutar (vt)	e'dām kardan	اعدام کردن
ejecución (f)	e'dām	اعدام

prisión (f)	zendān	زندان
celda (f)	sellul-e zendān	سلول زندان
escolta (f)	eskort	اسکورت
guardia (m) de prisiones	negahbān zendān	نگهبان زندان
prisionero (m)	zendāni	زندانی
esposas (f pl)	dastband	دستبند
esposar (vt)	dastband zadan	دستبند زدن
escape (m)	farār	فرار
escaparse (vr)	farār kardan	فرار کردن
desaparecer (vi)	nāpadid šodan	ناپدید شدن
liberar (vt)	āzād kardan	آزاد کردن
amnistía (f)	afv-e omumi	عفو عمومی
policía (f) (~ nacional)	polis	پلیس
policía (m)	polis	پلیس
comisaría (f) de policía	kalāntari	کلانتری
porra (f)	bātum	باتوم
megáfono (m)	bolandgu	بلندگو
coche (m) patrulla	māšin-e gašt	ماشین گشت
sirena (f)	āžir-e xatar	آژیر خطر
poner la sirena	āžir rā rowšan kardan	آژیررا روشن کردن
sonido (m) de sirena	sedā-ye āžir	صدای آژیر
escena (f) del delito	mahall-e jenāyat	محل جنایت
testigo (m)	šāhed	شاهد
libertad (f)	āzādi	آزادی
cómplice (m)	hamdast	همدست
escapar de …	maxfi šodan	مخفی شدن
rastro (m)	rad	رد

121. La policía. La ley. Unidad 2

búsqueda (f)	jostoju	جستجو
buscar (~ el criminal)	jostoju kardan	جستجو کردن
sospecha (f)	šok	شک
sospechoso (adj)	maškuk	مشکوک
parar (~ en la calle)	motevaghef kardan	متوقف کردن
retener (vt)	dastgir kardan	دستگیر کردن
causa (f) (~ penal)	parvande	پرونده
investigación (f)	tahqiq	تحقیق
detective (m)	kārāgāh	کارآگاه
investigador (m)	bāzpors	بازپرس
versión (f)	farziye	فرضیه
motivo (m)	angize	انگیزه
interrogatorio (m)	bāzporsi	بازپرسی
interrogar (vt)	bāzporsi kardan	بازپرسی کردن
interrogar (al testigo)	estentāq kardan	استنطاق کردن
control (m) (de vehículos, etc.)	taftiš	تفتیش

redada (f)	mohāsere	محاصره
registro (m) (~ de la casa)	taftiš	تفتیش
persecución (f)	ta'qib	تعقیب
perseguir (vt)	ta'qib kardan	تعقیب کردن
rastrear (~ al criminal)	donbāl kardan	دنبال کردن
arresto (m)	bāzdāšt	بازداشت
arrestar (vt)	bāzdāšt kardan	بازداشت کردن
capturar (vt)	dastgir kardan	دستگیر کردن
captura (f)	dastgiri	دستگیری
documento (m)	sanad	سند
prueba (f)	esbāt	اثبات
probar (vt)	esbāt kardan	اثبات کردن
huella (f) (pisada)	rad-e pā	رد پا
huellas (f pl) digitales	asar-e angošt	اثر انگشت
elemento (m) de prueba	šavāhed	شواهد
coartada (f)	ozr-e qeybat	عذر غیبت
inocente (no culpable)	bi gonāh	بی گناه
injusticia (f)	bi edālati	بی عدالتی
injusto (adj)	qeyr-e ādelāne	غیر عادلانه
criminal (adj)	jenāyi	جنایی
confiscar (vt)	mosādere kardan	مصادره کردن
narcótico (m)	mavādd-e moxadder	مواد مخدر
arma (f)	selāh	سلاح
desarmar (vt)	xal'-e selāh kardan	خلع سلاح کردن
ordenar (vt)	farmān dādan	فرمان دادن
desaparecer (vi)	nāpadid šodan	ناپدید شدن
ley (f)	qānun	قانون
legal (adj)	qānuni	قانونی
ilegal (adj)	qeyr-e qānuni	غیر قانونی
responsabilidad (f)	mas'uliyat	مسئولیت
responsable (adj)	mas'ul	مسئول

LA NATURALEZA

La tierra. Unidad 1

122. El espacio

cosmos (m)	fazā	فضا
espacial, cósmico (adj)	fazāyi	فضایی
espacio (m) cósmico	fazā-ye keyhān	فضای کیهان
mundo (m)	jahān	جهان
universo (m)	giti	گیتی
galaxia (f)	kahkešān	کهکشان
estrella (f)	setāre	ستاره
constelación (f)	surat-e falaki	صورت فلکی
planeta (m)	sayyāre	سیاره
satélite (m)	māhvāre	ماهواره
meteorito (m)	sang-e āsmāni	سنگ آسمانی
cometa (m)	setāre-ye donbāle dār	ستارهٔ دنباله دار
asteroide (m)	šahāb	شهاب
órbita (f)	madār	مدار
girar (vi)	gardidan	گردیدن
atmósfera (f)	jav	جو
Sol (m)	āftāb	آفتاب
sistema (m) solar	manzume-ye šamsi	منظومه شمسی
eclipse (m) de Sol	kosuf	کسوف
Tierra (f)	zamin	زمین
Luna (f)	māh	ماه
Marte (m)	merrix	مریخ
Venus (f)	zahre	زهره
Júpiter (m)	moštari	مشتری
Saturno (m)	zohal	زحل
Mercurio (m)	atārod	عطارد
Urano (m)	orānus	اورانوس
Neptuno (m)	nepton	نپتون
Plutón (m)	poloton	پلوتون
la Vía Láctea	kahkešān rāh-e širi	کهکشان راه شیری
la Osa Mayor	dobb-e akbar	دب اکبر
la Estrella Polar	setāre-ye qotbi	ستاره قطبی
marciano (m)	merrixi	مریخی
extraterrestre (m)	farā zamini	فرا زمینی

planetícola (m)	mowjud fazāyi	موجود فضایی
platillo (m) volante	bošqāb-e parande	بشقاب پرنده
nave (f) espacial	fazā peymā	فضا پیما
estación (f) orbital	istgāh-e fazāyi	ایستگاه فضایی
despegue (m)	rāh andāzi	راه اندازی
motor (m)	motor	موتور
tobera (f)	nāzel	نازل
combustible (m)	suxt	سوخت
carlinga (f)	kābin	کابین
antena (f)	ānten	آنتن
ventana (f)	panjere	پنجره
batería (f) solar	bātri-ye xoršidi	باطری خورشیدی
escafandra (f)	lebās-e fazānavardi	لباس فضانوردی
ingravidez (f)	bi vazni	بی وزنی
oxígeno (m)	oksižen	اکسیژن
atraque (m)	vasl	وصل
realizar el atraque	vasl kardan	وصل کردن
observatorio (m)	rasadxāne	رصدخانه
telescopio (m)	teleskop	تلسکوپ
observar (vt)	mošāhede kardan	مشاهده کردن
explorar (~ el universo)	kašf kardan	کشف کردن

123. La tierra

Tierra (f)	zamin	زمین
globo (m) terrestre	kare-ye zamin	کرۀ زمین
planeta (m)	sayyāre	سیاره
atmósfera (f)	jav	جو
geografía (f)	joqrāfiyā	جغرافیا
naturaleza (f)	tabi'at	طبیعت
globo (m) terráqueo	kare-ye joqrāfiyāyi	کرۀ جغرافیایی
mapa (m)	naqše	نقشه
atlas (m)	atlas	اطلس
Europa (f)	orupā	اروپا
Asia (f)	āsiyā	آسیا
África (f)	āfriqā	آفریقا
Australia (f)	ostorāliyā	استرالیا
América (f)	emrikā	امریکا
América (f) del Norte	emrikā-ye šomāli	امریکای شمالی
América (f) del Sur	emrikā-ye jonubi	امریکای جنوبی
Antártida (f)	qotb-e jonub	قطب جنوب
Ártico (m)	qotb-e šomāl	قطب شمال

124. Los puntos cardinales

norte (m)	šomāl	شمال
al norte	be šomāl	به شمال
en el norte	dar šomāl	در شمال
del norte (adj)	šomāli	شمالی
sur (m)	jonub	جنوب
al sur	be jonub	به جنوب
en el sur	dar jonub	در جنوب
del sur (adj)	jonubi	جنوبی
oeste (m)	qarb	غرب
al oeste	be qarb	به غرب
en el oeste	dar qarb	در غرب
del oeste (adj)	qarbi	غربی
este (m)	šarq	شرق
al este	be šarq	به شرق
en el este	dar šarq	در شرق
del este (adj)	šarqi	شرقی

125. El mar. El océano

mar (m)	daryā	دریا
océano (m)	oqyānus	اقیانوس
golfo (m)	xalij	خلیج
estrecho (m)	tange	تنگه
tierra (f) firme	zamin	زمین
continente (m)	qāre	قاره
isla (f)	jazire	جزیره
península (f)	šeb-e jazire	شبه جزیره
archipiélago (m)	majma'-ol-jazāyer	مجمع‌الجزایر
bahía (f)	xalij-e kučak	خلیج کوچک
ensenada, bahía (f)	langargāh	لنگرگاه
laguna (f)	mordāb	مرداب
cabo (m)	damāqe	دماغه
atolón (m)	jazire-ye marjāni	جزیره مرجانی
arrecife (m)	tappe-ye daryāyi	تپه دریایی
coral (m)	marjān	مرجان
arrecife (m) de coral	tappe-ye marjāni	تپه مرجانی
profundo (adj)	amiq	عمیق
profundidad (f)	omq	عمق
abismo (m)	partgāh	پرتگاه
fosa (f) oceánica	derāz godāl	درازگودال
corriente (f)	jaryān	جریان
bañar (rodear)	ehāte kardan	احاطه کردن

orilla (f)	sāhel	ساحل
costa (f)	sāhel	ساحل
flujo (m)	mod	مد
reflujo (m)	jazr	جزر
banco (m) de arena	sāhel-e šeni	ساحل شنی
fondo (m)	qa'r	قعر
ola (f)	mowj	موج
cresta (f) de la ola	nok	نوک
espuma (f)	kaf	کف
tempestad (f)	tufān-e daryāyi	طوفان دریایی
huracán (m)	tufān	طوفان
tsunami (m)	sonāmi	سونامی
bonanza (f)	sokun-e daryā	سکون دریا
calmo, tranquilo	ārām	آرام
polo (m)	qotb	قطب
polar (adj)	qotbi	قطبی
latitud (f)	arz-e joqrāfiyāyi	عرض جغرافیایی
longitud (f)	tul-e joqrāfiyāyi	طول جغرافیایی
paralelo (m)	movāzi	موازی
ecuador (m)	xatt-e ostavā	خط استوا
cielo (m)	āsemān	آسمان
horizonte (m)	ofoq	افق
aire (m)	havā	هوا
faro (m)	fānus-e daryāyi	فانوس دریایی
bucear (vi)	širje raftan	شیرجه رفتن
hundirse (vr)	qarq šodan	غرق شدن
tesoros (m pl)	ganj	گنج

126. Los nombres de los mares y los océanos

océano (m) Atlántico	oqyānus-e atlas	اقیانوس اطلس
océano (m) Índico	oqyānus-e hend	اقیانوس هند
océano (m) Pacífico	oqyānus-e ārām	اقیانوس آرام
océano (m) Glacial Ártico	oqyānus-e monjamed-e šomāli	اقیانوس منجمد شمالی
mar (m) Negro	daryā-ye siyāh	دریای سیاه
mar (m) Rojo	daryā-ye sorx	دریای سرخ
mar (m) Amarillo	daryā-ye zard	دریای زرد
mar (m) Blanco	daryā-ye sefid	دریای سفید
mar (m) Caspio	daryā-ye xazar	دریای خزر
mar (m) Muerto	daryā-ye morde	دریای مرده
mar (m) Mediterráneo	daryā-ye meditarāne	دریای مدیترانه
mar (m) Egeo	daryā-ye eže	دریای اژه
mar (m) Adriático	daryā-ye ādriyātik	دریای آدریاتیک

mar (m) Arábigo	daryā-ye arab	دریای عرب
mar (m) del Japón	daryā-ye žāpon	دریای ژاپن
mar (m) de Bering	daryā-ye brinq	دریای برینگ
mar (m) de la China Meridional	daryā-ye čin-e jonubi	دریای چین جنوبی
mar (m) del Coral	daryā-ye marjān	دریای مرجان
mar (m) de Tasmania	daryā-ye tās-emān	دریای تاسمان
mar (m) Caribe	daryā-ye kārāib	دریای کارائیب
mar (m) de Barents	daryā-ye barntz	دریای بارنتز
mar (m) de Kara	daryā-ye kārā	دریای کارا
mar (m) del Norte	daryā-ye šomāl	دریای شمال
mar (m) Báltico	daryā-ye bāltik	دریای بالتیک
mar (m) de Noruega	daryā-ye norvež	دریای نروژ

127. Las montañas

montaña (f)	kuh	کوه
cadena (f) de montañas	rešte-ye kuh	رشته کوه
cresta (f) de montañas	selsele-ye jebāl	سلسله جبال
cima (f)	qolle	قله
pico (m)	qolle	قله
pie (m)	dāmane-ye kuh	دامنۀ کوه
cuesta (f)	šib	شیب
volcán (m)	ātaš-fešān	آتشفشان
volcán (m) activo	ātaš-fešān-e fa'āl	آتش فشان فعال
volcán (m) apagado	ātaš-fešān-e xāmuš	آتش فشان خاموش
erupción (f)	favarān	فوران
cráter (m)	dahāne-ye ātašfešān	دهانۀ آتش فشان
magma (m)	māgmā	ماگما
lava (f)	godāze	گدازه
fundido (lava ~a)	godāxte	گداخته
cañón (m)	tange	تنگ
desfiladero (m)	darre-ye tang	دره تنگ
grieta (f)	tange	تنگ
precipicio (m)	partgāh	پرتگاه
puerto (m) (paso)	gozargāh	گذرگاه
meseta (f)	falāt	فلات
roca (f)	saxre	صخره
colina (f)	tappe	تپه
glaciar (m)	yaxčāl	یخچال
cascada (f)	ābšār	آبشار
geiser (m)	češme-ye āb-e garm	چشمۀ آب گرم
lago (m)	daryāče	دریاچه
llanura (f)	jolge	جلگه
paisaje (m)	manzare	منظره

Español	Transliteración	Persa
eco (m)	en'ekās-e sowt	انعکاس صوت
alpinista (m)	kuhnavard	کوهنورد
escalador (m)	saxre-ye navard	صخره نورد
conquistar (vt)	fath kardan	فتح کردن
ascensión (f)	so'ud	صعود

128. Los nombres de las montañas

Español	Transliteración	Persa
Alpes (m pl)	ālp	آلپ
Montblanc (m)	moan belān	مون بلان
Pirineos (m pl)	pirene	پیرنه
Cárpatos (m pl)	kuhhā-ye kārpāt	کوههای کارپات
Urales (m pl)	kuhe-i orāl	کوههای اورال
Cáucaso (m)	qafqāz	قفقاز
Elbrus (m)	alborz	البرز
Altai (m)	āltāy	آلتای
Tian-Shan (m)	tiyān šān	تیان شان
Pamir (m)	pāmir	پامیر
Himalayos (m pl)	himāliyā-vo	هیمالیا
Everest (m)	everest	اورست
Andes (m pl)	ānd	آند
Kilimanjaro (m)	kelimānjāro	کلیمانجارو

129. Los ríos

Español	Transliteración	Persa
río (m)	rudxāne	رودخانه
manantial (m)	češme	چشمه
lecho (m) (curso de agua)	bastar	بستر
cuenca (f) fluvial	howze	حوضه
desembocar en …	rixtan	ریختن
afluente (m)	enše'āb	انشعاب
ribera (f)	sāhel	ساحل
corriente (f)	jaryān	جریان
río abajo (adv)	be samt-e pāin-e rudxāne	به سمت پائین رودخانه
río arriba (adv)	be samt-e bālā-ye rudxāne	به سمت بالای رودخانه
inundación (f)	seyl	سیل
riada (f)	toqyān	طغیان
desbordarse (vr)	toqyān kardan	طغیان کردن
inundar (vt)	toqyān kardan	طغیان کردن
bajo (m) arenoso	tangāb	تنگاب
rápido (m)	tondāb	تندآب
presa (f)	sad	سد
canal (m)	kānāl	کانال
lago (m) artificiale	maxzan-e āb	مخزن آب

esclusa (f)	ābgir	آبگیر
cuerpo (m) de agua	maxzan-e āb	مخزن آب
pantano (m)	bātlāq	باتلاق
ciénaga (f)	lajan zār	لجن زار
remolino (m)	gerdāb	گرداب
arroyo (m)	ravad	رود
potable (adj)	āšāmidani	آشامیدنی
dulce (agua ~)	širin	شیرین
hielo (m)	yax	یخ
helarse (el lago, etc.)	yax bastan	یخ بستن

130. Los nombres de los ríos

Sena (m)	sen	سن
Loira (m)	lavār	لوآر
Támesis (m)	timz	تیمز
Rin (m)	rāyn	راین
Danubio (m)	dānub	دانوب
Volga (m)	volgā	ولگا
Don (m)	don	دن
Lena (m)	lenā	لنا
Río (m) Amarillo	rud-e zard	رود زرد
Río (m) Azul	yāng tese	یانگ تسه
Mekong (m)	mekung	مکونگ
Ganges (m)	gong	گنگ
Nilo (m)	neyl	نیل
Congo (m)	kongo	کنگو
Okavango (m)	okavango	اوکاوانگو
Zambeze (m)	zāmbezi	زامبزی
Limpopo (m)	rud-e limpupu	رود لیمپوپو
Misisipi (m)	mi si si pi	می سی سی پی

131. El bosque

bosque (m)	jangal	جنگل
de bosque (adj)	jangali	جنگلی
espesura (f)	jangal-e anbuh	جنگل انبوه
bosquecillo (m)	biše	بیشه
claro (m)	marqzār	مرغزار
maleza (f)	biše-hā	بیشه ها
matorral (m)	bute zār	بوته زار
senda (f)	kure-ye rāh	کوره راه
barranco (m)	darre	دره

árbol (m)	deraxt	درخت
hoja (f)	barg	برگ
follaje (m)	šāx-o barg	شاخ و برگ
caída (f) de hojas	barg rizi	برگ ریزی
caer (las hojas)	rixtan	ریختن
cima (f)	nok	نوک
rama (f)	šāxe	شاخه
rama (f) (gruesa)	šāxe	شاخه
brote (m)	šokufe	شکوفه
aguja (f)	suzan	سوزن
piña (f)	maxrut-e kāj	مخروط کاج
agujero (m)	surāx	سوراخ
nido (m)	lāne	لانه
tronco (m)	tane	تنه
raíz (f)	riše	ریشه
corteza (f)	pust	پوست
musgo (m)	xaze	خزه
extirpar (vt)	rišekan kardan	ریشه کن کردن
talar (vt)	boridan	بریدن
deforestar (vt)	boridan	بریدن
tocón (m)	kande-ye deraxt	کندۀ درخت
hoguera (f)	ātaš	آتش
incendio (m) forestal	ātaš suzi	آتش سوزی
apagar (~ el incendio)	xāmuš kardan	خاموش کردن
guarda (m) forestal	jangal bān	جنگل بان
protección (f)	mohāfezat	محافظت
proteger (vt)	mohāfezat kardan	محافظت کردن
cazador (m) furtivo	šekārči-ye qeyr-e qānuni	شکارچی غیر قانونی
cepo (m)	tale	تله
recoger (setas, bayas)	čidan	چیدن
perderse (vr)	gom šodan	گم شدن

132. Los recursos naturales

recursos (m pl) naturales	manābe-'e tabii	منابع طبیعی
recursos (m pl) subterráneos	mavādd-e ma'dani	مواد معدنی
depósitos (m pl)	tah nešast	ته نشست
yacimiento (m)	meydān	میدان
extraer (vt)	estexrāj kardan	استخراج کردن
extracción (f)	estexrāj	استخراج
mena (f)	sang-e ma'dani	سنگ معدنی
mina (f)	ma'dan	معدن
pozo (m) de mina	ma'dan	معدن
minero (m)	ma'dančí	معدنچی
gas (m)	gāz	گاز

gasoducto (m)	lule-ye gāz	لولهٔ گاز
petróleo (m)	naft	نفت
oleoducto (m)	lule-ye naft	لولهٔ نفت
pozo (m) de petróleo	čāh-e naft	چاه نفت
torre (f) de sondeo	dakal-e haffāri	دکل حفاری
petrolero (m)	tānker	تانکر
arena (f)	šen	شن
caliza (f)	sang-e āhak	سنگ آهک
grava (f)	sangrize	سنگریزه
turba (f)	turb	تورب
arcilla (f)	xāk-e ros	خاک رس
carbón (m)	zoqāl sang	زغال سنگ
hierro (m)	āhan	آهن
oro (m)	talā	طلا
plata (f)	noqre	نقره
níquel (m)	nikel	نیکل
cobre (m)	mes	مس
zinc (m)	ruy	روی
manganeso (m)	mangenez	منگنز
mercurio (m)	jive	جیوه
plomo (m)	sorb	سرب
mineral (m)	mādde-ye ma'dani	مادهٔ معدنی
cristal (m)	bolur	بلور
mármol (m)	marmar	مرمر
uranio (m)	orāniyom	اورانیوم

La tierra. Unidad 2

133. El tiempo

tiempo (m)	havā	هوا
previsión (f) del tiempo	piš bini havā	پیش بینی هوا
temperatura (f)	damā	دما
termómetro (m)	damāsanj	دماسنج
barómetro (m)	havāsanj	هواسنج
húmedo (adj)	martub	مرطوب
humedad (f)	rotubat	رطوبت
bochorno (m)	garmā	گرما
tórrido (adj)	dāq	داغ
hace mucho calor	havā xeyli garm ast	هوا خیلی گرم است
hace calor (templado)	havā garm ast	هوا گرم است
templado (adj)	garm	گرم
hace frío	sard ast	سرد است
frío (adj)	sard	سرد
sol (m)	āftāb	آفتاب
brillar (vi)	tābidan	تابیدن
soleado (un día ~)	āftābi	آفتابی
elevarse (el sol)	tolu' kardan	طلوع کردن
ponerse (vr)	qorob kardan	غروب کردن
nube (f)	abr	ابر
nuboso (adj)	abri	ابری
nubarrón (m)	abr-e bārānzā	ابر باران زا
nublado (adj)	tire	تیره
lluvia (f)	bārān	باران
está lloviendo	bārān mibārad	باران می بارد
lluvioso (adj)	bārāni	بارانی
lloviznar (vi)	nam-nam bāridan	نم نم باریدن
aguacero (m)	bārān šodid	باران شدید
chaparrón (m)	ragbār	رگبار
fuerte (la lluvia ~)	šadid	شدید
charco (m)	čāle	چاله
mojarse (vr)	xis šodan	خیس شدن
niebla (f)	meh	مه
nebuloso (adj)	meh ālud	مه آلود
nieve (f)	barf	برف
está nevando	barf mibārad	برف می بارد

134. Los eventos climáticos severos. Los desastres naturales

tormenta (f)	tufān	طوفان
relámpago (m)	barq	برق
relampaguear (vi)	barq zadan	برق زدن
trueno (m)	ra'd	رعد
tronar (vi)	qorridan	غریدن
está tronando	ra'd mizanad	رعد می زند
granizo (m)	tagarg	تگرگ
está granizando	tagarg mibārad	تگرگ می بارد
inundar (vt)	toqyān kardan	طغیان کردن
inundación (f)	seyl	سیل
terremoto (m)	zamin-larze	زمین لرزه
sacudida (f)	tekān	تکان
epicentro (m)	kānun-e zaminlarze	کانون زمین لرزه
erupción (f)	favarān	فوران
lava (f)	godāze	گدازه
torbellino (m), tornado (m)	gerdbād	گردباد
tifón (m)	tufān	طوفان
huracán (m)	tufān	طوفان
tempestad (f)	tufān-e daryāyi	طوفان دریایی
tsunami (m)	sonāmi	سونامی
ciclón (m)	gerdbād	گردباد
mal tiempo (m)	havā-ye bad	هوای بد
incendio (m)	ātaš suzi	آتش سوزی
catástrofe (f)	balā-ye tabi'i	بلای طبیعی
meteorito (m)	sang-e āsmāni	سنگ آسمانی
avalancha (f)	bahman	بهمن
alud (m) de nieve	bahman	بهمن
ventisca (f)	kulāk	کولاک
nevasca (f)	barf-o burān	برف و بوران

La fauna

135. Los mamíferos. Los predadores

carnívoro (m)	heyvān-e darande	حیوان درنده
tigre (m)	bebar	ببر
león (m)	šir	شیر
lobo (m)	gorg	گرگ
zorro (m)	rubāh	روباه
jaguar (m)	jagvār	جگوار
leopardo (m)	palang	پلنگ
guepardo (m)	yuzpalang	یوزپلنگ
pantera (f)	palang-e siyāh	پلنگ سیاه
puma (f)	yuzpalang	یوزپلنگ
leopardo (m) de las nieves	palang-e barfi	پلنگ برفی
lince (m)	siyāh guš	سیاه گوش
coyote (m)	gorg-e sahrāyi	گرگ صحرایی
chacal (m)	šoqāl	شغال
hiena (f)	kaftār	کفتار

136. Los animales salvajes

animal (m)	heyvān	حیوان
bestia (f)	heyvān	حیوان
ardilla (f)	sanjāb	سنجاب
erizo (m)	xārpošt	خارپشت
liebre (f)	xarguš	خرگوش
conejo (m)	xarguš	خرگوش
tejón (m)	gurkan	گورکن
mapache (m)	rākon	راکون
hámster (m)	muš-e bozorg	موش بزرگ
marmota (f)	muš-e xormā-ye kuhi	موش خرمای کوهی
topo (m)	muš-e kur	موش کور
ratón (m)	muš	موش
rata (f)	muš-e sahrāyi	موش صحرایی
murciélago (m)	xoffāš	خفاش
armiño (m)	qāqom	قاقم
cebellina (f)	samur	سمور
marta (f)	samur	سمور
comadreja (f)	rāsu	راسو
visón (m)	tire-ye rāsu	تیره راسو

castor (m)	sag-e ābi	سگ آبی
nutria (f)	samur ābi	سمور آبی
caballo (m)	asb	اسب
alce (m)	gavazn	گوزن
ciervo (m)	āhu	آهو
camello (m)	šotor	شتر
bisonte (m)	gāvmiš	گاومیش
uro (m)	gāv miš	گاو میش
búfalo (m)	bufālo	بوفالو
cebra (f)	gurexar	گورخر
antílope (m)	boz-e kuhi	بز کوهی
corzo (m)	šukā	شوکا
gamo (m)	qazāl	غزال
gamuza (f)	boz-e kuhi	بز کوهی
jabalí (m)	gorāz	گراز
ballena (f)	nahang	نهنگ
foca (f)	fak	فک
morsa (f)	širmāhi	شیرماهی
oso (m) marino	gorbe-ye ābi	گربۀ آبی
delfín (m)	delfin	دلفین
oso (m)	xers	خرس
oso (m) blanco	xers-e sefid	خرس سفید
panda (f)	pāndā	پاندا
mono (m)	meymun	میمون
chimpancé (m)	šampānze	شمپانزه
orangután (m)	orāngutān	اورانگوتان
gorila (m)	guril	گوریل
macaco (m)	mākāk	ماکاک
gibón (m)	gibon	گیبون
elefante (m)	fil	فیل
rinoceronte (m)	kargadan	کرگدن
jirafa (f)	zarrāfe	زرافه
hipopótamo (m)	asb-e ābi	اسب آبی
canguro (m)	kāngoro	کانگورو
koala (f)	kovālā	کوالا
mangosta (f)	xadang	خدنگ
chinchilla (f)	čin čila	چین چیلا
mofeta (f)	rāsu-ye badbu	راسوی بدبو
espín (m)	taši	تشی

137. Los animales domésticos

gata (f)	gorbe	گربه
gato (m)	gorbe-ye nar	گربۀ نر
perro (m)	sag	سگ

caballo (m)	asb	اسب
garañón (m)	asb-e nar	اسب نر
yegua (f)	mādiyān	مادیان
vaca (f)	gāv	گاو
toro (m)	gāv-e nar	گاو نر
buey (m)	gāv-e axte	گاو اخته
oveja (f)	gusfand	گوسفند
carnero (m)	gusfand-e nar	گوسفند نر
cabra (f)	boz-e mādde	بز ماده
cabrón (m)	boz-e nar	بز نر
asno (m)	xar	خر
mulo (m)	qāter	قاطر
cerdo (m)	xuk	خوک
cerdito (m)	bače-ye xuk	بچهٔ خوک
conejo (m)	xarguš	خرگوش
gallina (f)	morq	مرغ
gallo (m)	xorus	خروس
pato (m)	ordak	اردک
ánade (m)	ordak-e nar	اردک نر
ganso (m)	qāz	غاز
pavo (m)	buqalamun-e nar	بوقلمون نر
pava (f)	buqalamun-e māde	بوقلمون ماده
animales (m pl) domésticos	heyvānāt-e ahli	حیوانات اهلی
domesticado (adj)	ahli	اهلی
domesticar (vt)	rām kardan	رام کردن
criar (vt)	parvareš dādan	پرورش دادن
granja (f)	mazrae	مزرعه
aves (f pl) de corral	morq-e xānegi	مرغ خانگی
ganado (m)	dām	دام
rebaño (m)	galle	گله
caballeriza (f)	establ	اصطبل
porqueriza (f)	āqol xuk	آغل خوک
vaquería (f)	āqol gāv	آغل گاو
conejal (m)	lanye xarguš	لانه خرگوش
gallinero (m)	morq dāni	مرغ دانی

138. Los pájaros

pájaro (m)	parande	پرنده
paloma (f)	kabutar	کبوتر
gorrión (m)	gonješk	گنجشک
carbonero (m)	morq-e zanburxār	مرغ زنبورخوار
urraca (f)	zāqi	زاغی
cuervo (m)	kalāq-e siyāh	کلاغ سیاه

corneja (f)	kalāq	کلاغ
chova (f)	zāq	زاغ
grajo (m)	kalāq-e siyāh	کلاغ سیاه
pato (m)	ordak	اردک
ganso (m)	qāz	غاز
faisán (m)	qarqāvol	قرقاول
águila (f)	oqāb	عقاب
azor (m)	qerqi	قرقی
halcón (m)	šāhin	شاهین
buitre (m)	karkas	کرکس
cóndor (m)	karkas-e emrikāyi	کرکس امریکایی
cisne (m)	qu	قو
grulla (f)	dornā	درنا
cigüeña (f)	lak lak	لک لک
loro (m), papagayo (m)	tuti	طوطی
colibrí (m)	morq-e magas-e xār	مرغ مگس خوار
pavo (m) real	tāvus	طاووس
avestruz (m)	šotormorq	شترمرغ
garza (f)	havāsil	حواصیل
flamenco (m)	felāmingo	فلامینگو
pelícano (m)	pelikān	پلیکان
ruiseñor (m)	bolbol	بلبل
golondrina (f)	parastu	پرستو
tordo (m)	bāstarak	باسترک
zorzal (m)	torqe	طرقه
mirlo (m)	tukā-ye siyāh	توکای سیاه
vencejo (m)	bādxorak	بادخورک
alondra (f)	čakāvak	چکاوک
codorniz (f)	belderčin	بلدرچین
pájaro carpintero (m)	dārkub	دارکوب
cuco (m)	fāxte	فاخته
lechuza (f)	joqd	جغد
búho (m)	šāh buf	شاه بوف
urogallo (m)	siāh xorus	سیاه خروس
gallo lira (m)	siāh xorus-e jangali	سیاه خروس جنگلی
perdiz (f)	kabk	کبک
estornino (m)	sār	سار
canario (m)	qanāri	قناری
ortega (f)	siyāh xorus-e fandoqi	سیاه خروس فندقی
pinzón (m)	sehre-ye jangali	سهره جنگلی
camachuelo (m)	sohre sar-e siyāh	سهره سر سیاه
gaviota (f)	morq-e daryāyi	مرغ دریایی
albatros (m)	morq-e daryāyi	مرغ دریایی
pingüino (m)	pangoan	پنگوئن

139. Los peces. Los animales marinos

brema (f)	māhi-ye sim	ماهی سیم
carpa (f)	kapur	کپور
perca (f)	māhi-e luti	ماهی لوتی
siluro (m)	gorbe-ye māhi	گربه ماهی
lucio (m)	ordak māhi	اردک ماهی
salmón (m)	māhi-ye salemon	ماهی سالمون
esturión (m)	māhi-ye xāviār	ماهی خاویار
arenque (m)	māhi-ye šur	ماهی شور
salmón (m) del Atlántico	sālmon-e atlāntik	سالمون اتلانتیک
caballa (f)	māhi-ye esqumeri	ماهی اسقومری
lenguado (m)	sofre māhi	سفره ماهی
lucioperca (f)	suf	سوف
bacalao (m)	māhi-ye rowqan	ماهی روغن
atún (m)	tan māhi	تن ماهی
trucha (f)	māhi-ye qezelālā	ماهی قزل آلا
anguila (f)	mārmāhi	مارماهی
raya (f) eléctrica	partomahiye barqi	پرتوماهی برقی
morena (f)	mārmāhi	مارماهی
piraña (f)	pirānā	پیرانا
tiburón (m)	kuse-ye māhi	کوسه ماهی
delfín (m)	delfin	دلفین
ballena (f)	nahang	نهنگ
centolla (f)	xarčang	خرچنگ
medusa (f)	arus-e daryāyi	عروس دریایی
pulpo (m)	hašt pā	هشت پا
estrella (f) de mar	setāre-ye daryāyi	ستاره دریایی
erizo (m) de mar	xārpošt-e daryāyi	خارپشت دریایی
caballito (m) de mar	asb-e daryāyi	اسب دریایی
ostra (f)	sadaf-e xorāki	صدف خوراکی
camarón (m)	meygu	میگو
bogavante (m)	xarčang-e daryāyi	خرچنگ دریایی
langosta (f)	xarčang-e xārdār	خرچنگ خاردار

140. Los anfibios. Los reptiles

serpiente (f)	mār	مار
venenoso (adj)	sammi	سمی
víbora (f)	af'i	افعی
cobra (f)	kobrā	کبرا
pitón (m)	mār-e pinton	مار پیتون
boa (f)	mār-e bwa	مار بوا
culebra (f)	mār-e čaman	مار چمن

serpiente (m) de cascabel	mār-e zangi	مار زنگی
anaconda (f)	mār-e ānākondā	مار آناکوندا
lagarto (m)	susmār	سوسمار
iguana (f)	susmār-e deraxti	سوسمار درختی
varano (m)	bozmajje	بزمجه
salamandra (f)	samandar	سمندر
camaleón (m)	āftāb-parast	آفتاب پرست
escorpión (m)	aqrab	عقرب
tortuga (f)	lāk pošt	لاک پشت
rana (f)	qurbāqe	قورباغه
sapo (m)	vazaq	وزغ
cocodrilo (m)	temsāh	تمساح

141. Los insectos

insecto (m)	hašare	حشره
mariposa (f)	parvāne	پروانه
hormiga (f)	murče	مورچه
mosca (f)	magas	مگس
mosquito (m) (picadura de ~)	paše	پشه
escarabajo (m)	susk	سوسک
avispa (f)	zanbur	زنبور
abeja (f)	zanbur-e asal	زنبور عسل
abejorro (m)	xar zanbur	خرزنبور
moscardón (m)	xarmagas	خرمگس
araña (f)	ankabut	عنکبوت
telaraña (f)	tār-e ankabut	تار عنکبوت
libélula (f)	sanjāqak	سنجاقک
saltamontes (m)	malax	ملخ
mariposa (f) nocturna	bid	بید
cucaracha (f)	susk	سوسک
garrapata (f)	kane	کنه
pulga (f)	kak	کک
mosca (f) negra	paše-ye rize	پشه ریزه
langosta (f)	malax	ملخ
caracol (m)	halazun	حلزون
grillo (m)	jirjirak	جیرجیرک
luciérnaga (f)	kerm-e šab-tāb	کرم شب تاب
mariquita (f)	kafšduzak	کفشدوزک
sanjuanero (m)	susk bāldār	سوسک بالدار
sanguijuela (f)	zālu	زالو
oruga (f)	kerm-e abrišam	کرم ابریشم
lombriz (m) de tierra	kerm	کرم
larva (f)	lārv	لارو

La flora

142. Los árboles

árbol (m)	deraxt	درخت
foliáceo (adj)	barg riz	برگ ریز
conífero (adj)	maxrutiyān	مخروطیان
de hoja perenne	hamiše sabz	همیشه سبز
manzano (m)	deraxt-e sib	درخت سیب
peral (m)	golābi	گلابی
cerezo (m)	gilās	گیلاس
guindo (m)	ālbālu	آلبالو
ciruelo (m)	ālu	آلو
abedul (m)	tus	توس
roble (m)	balut	بلوط
tilo (m)	zirfun	زیرفون
pobo (m)	senowbar-e larzān	صنوبر لرزان
arce (m)	afrā	افرا
pícea (f)	senowbar	صنوبر
pino (m)	kāj	کاج
alerce (m)	senowbar-e ārāste	صنوبر آراسته
abeto (m)	šāh deraxt	شاه درخت
cedro (m)	sedr	سدر
álamo (m)	sepidār	سپیدار
serbal (m)	zabān gonješk-e kuhi	زبان گنجشک کوهی
sauce (m)	bid	بید
aliso (m)	tuskā	توسکا
haya (f)	rāš	راش
olmo (m)	nārvan-e qermez	نارون قرمز
fresno (m)	zabān-e gonješk	زبان گنجشک
castaño (m)	šāh balut	شاه بلوط
magnolia (f)	māgnoliyā	ماگنولیا
palmera (f)	naxl	نخل
ciprés (m)	sarv	سرو
mangle (m)	karnā	کرنا
baobab (m)	bāobāb	بائوباب
eucalipto (m)	okaliptus	اوکالیپتوس
secoya (f)	sorx-e čub	سرخ چوب

143. Los arbustos

mata (f)	bute	بوته
arbusto (m)	bute zār	بوته زار

vid (f)	angur	انگور
viñedo (m)	tākestān	تاکستان

frambueso (m)	tamešk	تمشک
grosellero (m) negro	angur-e farangi-ye siyāh	انگور فرنگی سیاه
grosellero (m) rojo	angur-e farangi-ye sorx	انگور فرنگی سرخ
grosellero (m) espinoso	angur-e farangi	انگور فرنگی

acacia (f)	aqāqiyā	اقاقیا
berberís (m)	zerešk	زرشک
jazmín (m)	yāsaman	یاسمن

enebro (m)	ardaj	اردج
rosal (m)	bute-ye gol-e mohammadi	بوتۀ گل محمدی
escaramujo (m)	nastaran	نسترن

144. Las frutas. Las bayas

fruto (m)	mive	میوه
frutos (m pl)	mive jāt	میوه جات

manzana (f)	sib	سیب
pera (f)	golābi	گلابی
ciruela (f)	ālu	آلو

fresa (f)	tut-e farangi	توت فرنگی
guinda (f)	ālbālu	آلبالو
cereza (f)	gilās	گیلاس
uva (f)	angur	انگور

frambuesa (f)	tamešk	تمشک
grosella (f) negra	angur-e farangi-ye siyāh	انگور فرنگی سیاه
grosella (f) roja	angur-e farangi-ye sorx	انگور فرنگی سرخ
grosella (f) espinosa	angur-e farangi	انگور فرنگی
arándano (m) agrio	nārdānak-e vahši	ناردانک وحشی

naranja (f)	porteqāl	پرتقال
mandarina (f)	nārengi	نارنگی
piña (f)	ānānās	آناناس
banana (f)	mowz	موز
dátil (m)	xormā	خرما

limón (m)	limu	لیمو
albaricoque (m)	zardālu	زردآلو
melocotón (m)	holu	هلو

kiwi (m)	kivi	کیوی
toronja (f)	gerip forut	گریپ فوروت

baya (f)	mive-ye butei	میوۀ بوته ای
bayas (f pl)	mivehā-ye butei	میوه های بوته ای
arándano (m) rojo	tut-e farangi-ye jangali	توت فرنگی جنگلی
fresa (f) silvestre	zoqāl axte	زغال اخته
arándano (m)	zoqāl axte	زغال اخته

145. Las flores. Las plantas

flor (f)	gol	گل
ramo (m) de flores	daste-ye gol	دسته گل
rosa (f)	gol-e sorx	گل سرخ
tulipán (m)	lāle	لاله
clavel (m)	mixak	میخک
gladiolo (m)	susan-e sefid	سوسن سفید
aciano (m)	gol-e gandom	گل گندم
campanilla (f)	gol-e estekāni	گل استکانی
diente (m) de león	gol-e qāsedak	گل قاصدک
manzanilla (f)	bābune	بابونه
áloe (m)	oloviye	آلوئه
cacto (m)	kāktus	کاکتوس
ficus (m)	fikus	فیکوس
azucena (f)	susan	سوسن
geranio (m)	gol-e šam'dāni	گل شمعدانی
jacinto (m)	sonbol	سنبل
mimosa (f)	mimosā	میموسا
narciso (m)	narges	نرگس
capuchina (f)	gol-e lādan	گل لادن
orquídea (f)	orkide	ارکیده
peonía (f)	gol-e ašrafi	گل اشرفی
violeta (f)	banafše	بنفشه
trinitaria (f)	banafše-ye farangi	بنفشه فرنگی
nomeolvides (f)	gol-e farāmuš-am makon	گل فراموشم مکن
margarita (f)	gol-e morvārid	گل مروارید
amapola (f)	xašxāš	خشخاش
cáñamo (m)	šāh dāne	شاه دانه
menta (f)	na'nā'	نعناع
muguete (m)	muge	موگه
campanilla (f) de las nieves	gol-e barfi	گل برفی
ortiga (f)	gazane	گزنه
acedera (f)	toršak	ترشک
nenúfar (m)	nilufar-e abi	نیلوفر آبی
helecho (m)	saraxs	سرخس
liquen (m)	golesang	گلسنگ
invernadero (m) tropical	golxāne	گلخانه
césped (m)	čaman	چمن
macizo (m) de flores	baqče-ye gol	باغچه گل
planta (f)	giyāh	گیاه
hierba (f)	alaf	علف
hoja (f) de hierba	alaf	علف

hoja (f)	barg	برگ
pétalo (m)	golbarg	گلبرگ
tallo (m)	sāqe	ساقه
tubérculo (m)	riše	ریشه
retoño (m)	javāne	جوانه
espina (f)	xār	خار
florecer (vi)	gol kardan	گل کردن
marchitarse (vr)	pažmorde šodan	پژمرده شدن
olor (m)	bu	بو
cortar (vt)	boridan	بریدن
coger (una flor)	kandan	کندن

146. Los cereales, los granos

grano (m)	dāne	دانه
cereales (m pl) (plantas)	qallāt	غلات
espiga (f)	xuše	خوشه
trigo (m)	gandom	گندم
centeno (m)	čāvdār	چاودار
avena (f)	jow-e sahrāyi	جو صحرایی
mijo (m)	arzan	ارزن
cebada (f)	jow	جو
maíz (m)	zorrat	ذرت
arroz (m)	berenj	برنج
alforfón (m)	gandom-e siyāh	گندم سیاه
guisante (m)	noxod	نخود
fréjol (m)	lubiyā qermez	لوبیا قرمز
soya (f)	sowyā	سویا
lenteja (f)	adas	عدس
habas (f pl)	lubiyā	لوبیا

LOS PAÍSES. LAS NACIONALIDADES

147. Europa occidental

Europa (f)	orupā	اروپا
Unión (f) Europea	ettehādiye-ye orupā	اتحادیه اروپا
Austria (f)	otriš	اتریش
Gran Bretaña (f)	beritāniyā-ye kabir	بریتانیای کبیر
Inglaterra (f)	engelestān	انگلستان
Bélgica (f)	belžik	بلژیک
Alemania (f)	ālmān	آلمان
Países Bajos (m pl)	holand	هلند
Holanda (f)	holand	هلند
Grecia (f)	yunān	یونان
Dinamarca (f)	dānmārk	دانمارک
Irlanda (f)	irland	ایرلند
Islandia (f)	island	ایسلند
España (f)	espāniyā	اسپانیا
Italia (f)	itāliyā	ایتالیا
Chipre (m)	qebres	قبرس
Malta (f)	mālt	مالت
Noruega (f)	norvež	نروژ
Portugal (m)	porteqāl	پرتغال
Finlandia (f)	fanlānd	فنلاند
Francia (f)	farānse	فرانسه
Suecia (f)	sued	سوئد
Suiza (f)	suis	سوئیس
Escocia (f)	eskātland	اسکاتلند
Vaticano (m)	vātikān	واتیکان
Liechtenstein (m)	lixteneštāyn	لیختن‌اشتاین
Luxemburgo (m)	lokzāmborg	لوکزامبورگ
Mónaco (m)	monāko	موناکو

148. Europa central y oriental

Albania (f)	ālbāni	آلبانی
Bulgaria (f)	bolqārestān	بلغارستان
Hungría (f)	majārestān	مجارستان
Letonia (f)	letuni	لتونی
Lituania (f)	litvāni	لیتوانی
Polonia (f)	lahestān	لهستان

Rumania (f)	romāni	رومانی
Serbia (f)	serbestān	صربستان
Eslovaquia (f)	eslovāki	اسلواکی
Croacia (f)	korovāsi	کرواسی
Chequia (f)	jomhuri-ye ček	جمهوری چک
Estonia (f)	estoni	استونی
Bosnia y Herzegovina	bosni-yo herzogovin	بوسنی وهرزگوین
Macedonia	jomhuri-ye maqduniye	جمهوری مقدونیه
Eslovenia	eslovoni	اسلوونی
Montenegro (m)	montenegro	مونته‌نگرو

149. Los países de la antes Unión Soviética

Azerbaiyán (m)	āzarbāyjān	آذربایجان
Armenia (f)	armanestān	ارمنستان
Bielorrusia (f)	belārus	بلاروس
Georgia (f)	gorjestān	گرجستان
Kazajstán (m)	qazzāqestān	قزاقستان
Kirguizistán (m)	qerqizestān	قرقیزستان
Moldavia (f)	moldāvi	مولداوی
Rusia (f)	rusiye	روسیه
Ucrania (f)	okrāyn	اوکراین
Tayikistán (m)	tājikestān	تاجیکستان
Turkmenistán (m)	torkamanestān	ترکمنستان
Uzbekistán (m)	ozbakestān	ازبکستان

150. Asia

Asia (f)	āsiyā	آسیا
Vietnam (m)	viyetnām	ویتنام
India (f)	hendustān	هندوستان
Israel (m)	esrāil	اسرائیل
China (f)	čin	چین
Líbano (m)	lobnān	لبنان
Mongolia (f)	moqolestān	مغولستان
Malasia (f)	mālezi	مالزی
Pakistán (m)	pākestān	پاکستان
Arabia (f) Saudita	arabestān-e so'udi	عربستان سعودی
Tailandia (f)	tāyland	تایلند
Taiwán (m)	tāyvān	تایوان
Turquía (f)	torkiye	ترکیه
Japón (m)	žāpon	ژاپن
Afganistán (m)	afqānestān	افغانستان

Bangladesh (m)	bangelādeš	بنگلادش
Indonesia (f)	andonezi	اندونزی
Jordania (f)	ordon	اردن
Irak (m)	arāq	عراق
Irán (m)	irān	ایران
Camboya (f)	kāmboj	کامبوج
Kuwait (m)	koveyt	کویت
Laos (m)	lāus	لائوس
Myanmar (m)	miyānmār	میانمار
Nepal (m)	nepāl	نپال
Emiratos (m pl) Árabes Unidos	emārāt-e mottahede-ye arabi	امارات متحده عربی
Siria (f)	suriye	سوریه
Palestina (f)	felestin	فلسطین
Corea (f) del Sur	kare-ye jonubi	کرهٔ جنوبی
Corea (f) del Norte	kare-ye šomāli	کرهٔ شمالی

151. América del Norte

Estados Unidos de América (m pl)	eyālāt-e mottahede-ye emrikā	ایالات متحده امریکا
Canadá (f)	kānādā	کانادا
Méjico (m)	mekzik	مکزیک

152. Centroamérica y Sudamérica

Argentina (f)	āržāntin	آرژانتین
Brasil (m)	berezil	برزیل
Colombia (f)	kolombiyā	کلمبیا
Cuba (f)	kubā	کوبا
Chile (m)	šili	شیلی
Bolivia (f)	bulivi	بولیوی
Venezuela (f)	venezuelā	ونزوئلا
Paraguay (m)	pārāgue	پاراگوئه
Perú (m)	porov	پرو
Surinam (m)	surinām	سورینام
Uruguay (m)	orogue	اوروگوئه
Ecuador (m)	ekvādor	اکوادور
Islas (f pl) Bahamas	bāhāmā	باهاما
Haití (m)	hāiti	هائیتی
República (f) Dominicana	jomhuri-ye dominikan	جمهوری دومینیکن
Panamá (f)	pānāmā	پاناما
Jamaica (f)	jāmāikā	جامائیکا

153. África

Egipto (m)	mesr	مصر
Marruecos (m)	marākeš	مراکش
Túnez (m)	tunes	تونس

Ghana (f)	qanā	غنا
Zanzíbar (m)	zangbār	زنگبار
Kenia (f)	keniyā	کنیا
Libia (f)	libi	لیبی
Madagascar (m)	mādāgāskār	ماداگاسکار

Namibia (f)	nāmibiyā	نامیبیا
Senegal (m)	senegāl	سنگال
Tanzania (f)	tānzāniyā	تانزانیا
República (f) Sudafricana	jomhuri-ye āfriqā-ye jonubi	جمهوری آفریقای جنوبی

154. Australia. Oceanía

| Australia (f) | ostorāliyā | استرالیا |
| Nueva Zelanda (f) | niyuzland | نیوزلند |

| Tasmania (f) | tāsmāni | تاسمانی |
| Polinesia (f) Francesa | polinezi-ye farānse | پلینزی فرانسه |

155. Las ciudades

Ámsterdam	āmesterdām	آمستردام
Ankara	ānkārā	آنکارا
Atenas	āten	آتن

Bagdad	baqdād	بغداد
Bangkok	bānkok	بانکوک
Barcelona	bārselon	بارسلون
Beirut	beyrut	بیروت
Berlín	berlin	برلین

Mumbai	bombai	بمبئی
Bonn	bon	بن
Bratislava	bratislav	براتیسلاو
Bruselas	boruksel	بروکسل
Bucarest	boxārest	بخارست
Budapest	budāpest	بوداپست
Burdeos	bordo	بوردو

El Cairo	qāhere	قاهره
Calcuta	kalkate	کلکته
Chicago	šikāgo	شیکاگو
Copenhague	kopenhāk	کپنهاک
Dar-es-Salam	dārossalām	دارالسلام
Delhi	dehli	دهلی

Dubai	debi	دبی
Dublín	dublin	دوبلین
Dusseldorf	duseldorf	دوسلدورف
Estambul	estānbol	استامبول
Estocolmo	āstokholm	استکهلم
Florencia	felorāns	فلورانس
Fráncfort del Meno	ferānkfort	فرانکفورت
Ginebra	ženev	ژنو
La Habana	hāvānā	هاوانا
Hamburgo	hāmborg	هامبورگ
Hanói	hānoy	هانوی
La Haya	lāhe	لاهه
Helsinki	helsinki	هلسینکی
Hiroshima	hirošimā	هیروشیما
Hong Kong	hong kong	هنگ کنگ
Jerusalén	beytolmoqaddas	بیت المقدس
Kiev	keyf	کیف
Kuala Lumpur	kuālālāmpur	کوالالامپور
Lisboa	lisbun	لیسبون
Londres	landan	لندن
Los Ángeles	losānjeles	لس آنجلس
Lyon	liyon	لیون
Madrid	mādrid	مادرید
Marsella	mārsey	مارسی
Ciudad de México	mekziko	مکزیکو
Miami	mayāmey	میامی
Montreal	montreāl	مونترآل
Moscú	moskow	مسکو
Múnich	munix	مونیخ
Nairobi	nāyrubi	نایروبی
Nápoles	nāpl	ناپل
Niza	nis	نیس
Nueva York	niyuyork	نیویورک
Oslo	oslo	اسلو
Ottawa	otāvā	اتاوا
París	pāris	پاریس
Pekín	pekan	پکن
Praga	perāg	پراگ
Río de Janeiro	riyo-do-žāniro	ریو دو ژانیرو
Roma	ram	رم
San Petersburgo	sān peterzburg	سن پترزبورگ
Seúl	seul	سئول
Shanghái	šānghāy	شانگهای
Singapur	sangāpur	سنگاپور
Sydney	sidni	سیدنی
Taipei	tāype	تایپه
Tokio	tokiyo	توکیو

Toronto	torento	تورنتو
Varsovia	varšow	ورشو
Venecia	veniz	ونیز
Viena	viyan	وین
Washington	vāšangton	واشنگتن

www.ingramcontent.com/pod-product-compliance
Lightning Source LLC
Chambersburg PA
CBHW070602050426
42450CB00011B/2944